Schicksal, Träume, Vorzeichen

Schicksal, Träume, Vorzeichen

Autobiographische Erlebnisse eines
naturreligiösen Menschen

Baron Árpád von Nahodyl Neményi

Altheidnische Schriften

Books on Demand GmbH, Norderstedt

Umschlagbild: Dryadenbaum vom Havelberg in Berlin.

Buchbeschreibende Angaben der Deutschen Nationalbibliothek:
Die Deutsche Nationalbibliothek verzeichnet diese Veröffentlichung in der Deutschen
Nationalbibliographie; genauere buchbeschreibende Angaben sind im Weltnetz
über www.dnb.de abrufbar.

Herstellung und Verlag: BoD – Books on Demand, Norderstedt
ISBN 978-3-7504-9419-0

Inhalt

Vorwort

Lange habe ich darüber gegrübelt, wie ich dieses Buch nennen sollte, denn kein Titel kann das wiedergeben, was meine Intention ist. Alle nur denkbaren Titel behandeln immer nur einen Teilbereich. Schließlich fand meine Frau den Titel, den das Buch jetzt trägt.

Es geht also darum: Seit 1983 bin ich Altheide, d. h. ich rekonstruiere und lebe die altheidnische Religion unserer Vorfahren. Das Eindringen in diese andere Sichtweise von der Welt geschah anfangs nur teilweise, ging dann aber mit der Zeit immer tiefer, so daß ich mir heute einbilde, daß ich ganz in diesem Weltbild verhaftet bin. Ob das wirklich stimmt, kann ich natürlich nicht mit Sicherheit sagen.

Dieses Weltbild hat nun auch mein ganzes Denken und Handeln völlig verändert, ich nehme die Natur, die ganze Welt daher inzwischen anders wahr, als es andere Menschen tun. Und das führte bei mir auch zu anderem Handeln und anderen ethischen Werten.

Ich habe die altheidnische Religion in inzwischen fast 30 Büchern rekonstruiert und publiziert, doch sind das einfach Beschreibungen, wie es (nach meinen Forschungen und meiner Rekonstruktion) damals war; die Bücher beschreiben also in erster Linie eine äußere Form, eine Oberfläche, nicht aber die dahinterstehende Substanz oder diese bestenfalls angedeutet am Rande.

Seit 1985 leite ich als Priester die heidnischen Jahresfeste; 1989 wurde ich offiziell Gode, da wurde also „anerkannt", was zuvor nur eine selbstgewählte Funktion war. Durch dieses Amt bin ich den

Göttern und spirituellen Wesenheiten näher gekommen als der Durchschnittsmensch; es war zwar mein individueller Weg, aber der kann durchaus für Andere von Interesse sein. Jeder muß natürlich seinen eigenen Weg gehen, aber gerade dann ist ein Blick darauf, wie es z. B. mir erging, vielleicht beachtenswert.

Wenn ich hier von Erlebnissen, Träumen, unsichtbaren Zusammenhängen usw. schreibe, dann ganz eindeutig nicht mit dem niederen Ziele, mich hier irgendwie herausstellen zu wollen: Ich habe immer gesagt, daß ich kein Guru bin und das auch nicht sein will; daß umgekehrt jeder etwas spirituelle Mensch in seinem Leben ähnliche Erfahrungen macht oder machen kann. Ich bin da nur ein Blatt am Baume, an dem Millionen von Blättern hängen.

Es ist immer ein Risiko, persönliche Visionen, Träume usw. öffentlich bekanntzugeben. Allzu leicht können sich Kritiker über das, was einem selbst heilig ist, lustig machen, ja es verspotten, in den Schmutz ziehen. Deswegen ist Schweigen immer besser. Das sehe ich ein, halte aber die Wirkung als Beispiel (nicht als Vorbild) für wichtiger, denn unsere Welt ist inzwischen so extrem materialistisch geworden, daß auch der kleinste Versuch, etwas zu ändern, nicht falsch sein kann. Ich setze also auf die Vernunft und Reife meiner Leser.

Menschen, die im materialistisch-rationalen Weltbild verhaftet sind, werden mich nach der Lektüre dieses Buches wahrscheinlich nicht mehr ganz ernst nehmen oder gar für „verrückt" erklären. Das kann sein und muß ich in kauf nehmen. Umgekehrt geht es mir ganz genauso, wenn ich Rationalisten im Alltag sehe, die nur im Diesseits, im „Hier und Jetzt" leben und dazu noch jede von der Industrie und Werbewirtschaft vorgegebene Unsitte kritiklos übernehmen. Ein Bekannter nannte diese Menschen „Zombies", also lebende Tote, da sie nach seiner Meinung gar nicht wirklich richtig leben, da sie ihre Individualität nicht ausgebildet haben (teils gar keine besitzen) und sich durchs Leben treiben lassen, wie ein Stück Holz auf dem Fluß.

Die Rationalisten sind nicht meine Zielgruppe, denn mir ist klar, daß ich sie nicht überzeugen werde und daß auch die besten Beispiele sie nicht von dem Wege, den ich für falsch halte, abbringen können. Wenn ich deren Weg für falsch halte, bedeutet das nicht, daß ich ihn nicht dennoch toleriere und daß auch an falschen Wegen zuweilen ein gutes Kraut steht, daß also nichts nur falsch oder nur richtig ist, sondern immer Mischformen bestehen.

Und wenn ich hier „meinen" Weg darstelle, den ich seit 37 Jahren gehe, dann bedeutet das nicht, daß auch ich zuweilen davon abweiche, mich dem modernen Leben und Tun ausliefere und nicht immer konsequent handele. Wer mich also kennt und in meinem jetzigen Leben etwas sucht, was nicht dem von mir hier geschilderten Wege entspricht, der wird sicher auch fündig werden. Dieses Buch etwa schreibe ich an einem modernen Rechner und nutze so auch technische Errungenschaften. In unserer Gesellschaft ist es gar nicht mehr möglich, ganz genau so zu leben, wie unsere Vorfahren das taten. Bis zu einem gewissen Grade ist man gezwungen, „mit den Wölfen zu heulen".

Und noch etwas: Die hier angeführten Träume, Erlebnisse, Zeichen usw. sind nicht frei erfunden, sondern geschahen alle wirklich. Das garantiere ich Ihnen. Möglicherweise aber kann es geschehen, daß ich Dinge vergesse oder sie anders in Erinnerung habe; dies geschieht aber unabsichtlich. Das meiste von dem Erlebten schrieb ich gleich auf und ist somit authentisch; nur weniges habe ich nicht aufgeschrieben und kann dadurch ungenau wiedergegeben werden.

Es heißt, man solle über magische Dinge nicht reden; ja, ein Reden über Zauber bewirkt, daß der Zauber nicht funktioniert. Ich bin auch dieser Meinung und tröste mich, daß ich hier eigentlich keinen Zauber genau erklärt habe, sondern Träume, Zufälle, Zeichen behandele und von einem Zauber bestenfalls eine Wirkung erwähne.

So mag dieses Buch eine Anregung sein, selbst in eine derartige Welt einzudringen und eigene Erlebnisse zu machen bzw. schon erfolgte Erlebnisse entsprechend einzuordnen.

Géza Árpád Baron von Nahodyl Neményi

Kapitel 1

Götter und Geister

Das Heidentum unterscheidet sich vom Christentum dadurch, daß es den Glauben an Götter und Geister beinhaltet. Es gibt nun die verschiedensten Versuche, die Götter irgendwie rational zu erklären, z. B. indem man davon ausgeht, daß unsere Vorfahren einfache physikalische Naturerscheinungen in ihrer Naivität als wirkende Gottheiten aufgefaßt haben, weil ihnen ja moderne, rationale Erklärungen dafür nicht vorlagen. In ihrer bildreichen Phantasie wurde der Donner dann zum Geräusch eines Wagens mit hölzernen Rädern, der von einem Gott über den Himmel gelenkt wird; der Blitz ist die Folge des Werfens des Hammers dieses Gottes, der Wind ist ein anderer Gott, und Erde, Gestirne und dergleichen sind auch Gottheiten.

Ich habe diese naturmythologische Deutung der Götter immer angeführt, aber niemals in dem Sinne, daß die Götter ausschließlich derartige Dinge sind, sondern diese Naturerscheinungen sind Ihnen zugeordnet, neben anderen Dingen. Also nicht der Donner oder das Gewitter sind mit dem Gott Donar (Thor) identisch oder wurden in Unwissenheit als so eine Gottheit gedeutet, sondern im Gewitter zeigt sich in unserer materiellen Welt die Kraft dieser Gottheit; diese Gottheit existiert natürlich als eigenständige Wesenheit in einer uns unsichtbaren Welt, ganz unabhängig von den Gewittern auf der Erde. Würde es unsere Erde nicht geben, so gäbe es doch eine Gottheit der Stärke. Dies zu verstehen ist grundlegend, um zum vollständigen heidnischen Verständnis der Welt zu gelangen: Gottheiten sind real, sind lebende Wesen einer uns unsichtbaren Welt, und die in unserer materiellen Natur vorkommenden Dinge erklären wir als Wirkungen der entsprechenden Götterkräfte. In einer stofflichen Welt haben wir ja nichts anderes, als den Stoff, die Materie, die uns helfen muß, auch dahinterstehende Welten zu erkennen.

Wer den Glauben, ja die feste Überzeugung, daß es Gottheiten gibt, nicht hat, der kann niemals tiefer in das ganzheitliche, heidnische Naturverständnis eindringen. Wem so ein Glaube schwerfällt (schließlich sind wir von klein auf vom materialistischen Denken so beeinflußt, daß es nicht leicht ist, davon wegzukommen), dem kann ich nur den Rat geben, sich dieser Vorstellung vorurteilsfrei zu öffnen und den Gedanken, daß es Gottheiten, Geister, andere Welten gibt, als Annahme, als Arbeitshypothese anzunehmen, um dann in diesem Weltbild Erfahrungen zu machen, die ihm bestimmt dazu verhelfen, zu erkennen, daß in diesen Vorstellungen Wahrheit liegt. Ein derartiges Vorgehen ist übrigens durchaus wissenschaftlich; man stellt eine Hypothese auf, um dann im Versuch zu erproben, ob die Hypothese zutreffend ist.

Wir sehen die Götter nicht; wir sehen nur die Wirkungen der Götterkräfte in unserer Natur. Wir sind verleitet zu sagen, daß das, was man nicht sehen kann, auch nicht existiert. Dieser Schluß ist aber falsch, denn auch in der materiellen Welt gibt es einige Dinge, die wir nicht wahrnehmen können, die aber dennoch vorhanden sind, z. B. ultraviolettes Licht oder Infraschall. Unsere Sinne sind bekanntlich begrenzt, und durch unsere von der Natur getrennte Lebensweise sind unsere Sinne für die spirituellen Dinge weiter verkümmert. Man sieht es auch an einer Tatsache, die eigentlich bedenklich ist: Das Denken in Buchstaben. Natürlich hingegen wäre das Denken in Bildern, d. h. wenn man z. B. den Begriff „Haus" hört, dann sehen die meisten Menschen unseres Kulturkreises vor ihrem geistigen Auge wirklich die Buchstaben **H a u s.** Angehörige von Naturvölkern hingegen haben dann in ihrer Vorstellung wirklich das Bild eines Hauses vor Augen 🏠, wobei dieses Haus ganz unterschiedlich sein kann; es wird bei indigenen Völkern kein Hochhaus sein, sondern eine Hütte, wie sie sie eben aus ihrer Kultur her kennen. Und wenn wir unsere Kinder bitten, ein Haus zu malen, dann ist es in den meisten Fällen ein Einfamilienhaus mit schrägem Dach, oft zwei Fenster und die Tür in der Mitte, so daß es einem Gesicht ähnelt. Kinder denken noch in Bildern, doch unser Erziehungssystem gewöhnt ihnen das mit der Zeit ab. Es wäre also gut, wenn auch wir wieder lernen würden, in Bildern zu denken, auch wenn dies schwerfällt.

Mein Interesse für die Mythologie und Religion unserer Vorfahren ist auch dadurch zu erklären, daß ich davon ausgehe, daß die Menschen vor 1000 Jahren, was ihre Sinne betrifft, noch weniger eingeschränkt waren, als wir heute. Zwar gibt es auch heute noch Menschen, die spirituelle Wesen sehen oder doch spüren können, aber es sind nur noch sehr wenige und sie sind daher in keiner Weise überprüfbar. Gäbe es nämlich mehrere solche Menschen, würden die behaupteten Visionen des einen durch den anderen bestätigt oder widerlegt werden können. Dazu kommt, daß in unserer vom Gelde und seinem Erwerb bestimmten Welt leider auch viele Scharlatane unterwegs sind, die Visionen vorgeben, obwohl sie gar nicht für Visionen empfänglich sind.

Ich gehe also davon aus, daß es in heidnischer Zeit noch recht viele Menschen gab, die Götter und Geister tatsächlich sehen konnten, die nicht durch Drogen oder Geisteskrankheiten irgendwelche Erscheinungen mißdeuteten. Dazu kann ich ein Zitat aus der Jóms-víkinga Saga Kap. 15 anführen, wo der Jarl Hákon zu seinen beiden Schutzgöttinnen Thorgerdr Hölgabrud und Yrpa betete und diese dann für ihn in die Schlacht eingriffen:

»Havard der Schläger sah zuerst Hölgabrud im Heere Jarl Hákons, und viele andere hellseherische Männer«.

Wohl gemerkt, es handelt sich hier um harte Krieger, keine esoterischen Irrlichter, die die beiden Göttinnen im Heere auf Hákons Seite mitkämpfen sahen. Offenbar war die Gabe des Hellsehens noch relativ weit verbreitet, anders als heute. Deswegen konnten alle Rituale, Bräuche, Anrufungen immer von mehreren Personen gut beurteilt werden: Zeigt sich nach einer Anrufung und einem Opfer die entsprechende Gottheit oder nicht? Existiert die Gottheit überhaupt? Kann sie helfen? – Wären Gottheiten gar nicht existent, dann hätten die hellseherischen Menschen das bemerkt und die heidnische Religion hätte sich nicht in der uns bekannten Form herausbilden können.

Ich gehe also davon aus, daß es Götter und Geister gibt. Kinder haben vielleicht noch eine unbewußte Erinnerung an die Götter bewahrt, denn wenn man sie bittet, eine Sonne zu malen, wird von ihnen oft ein Gesicht in die Sonne gemalt, die Sonne wird also als Person, als Wesenheit gesehen, wie das ja auch die Naturvölker tun.

Nun ist die Frage, ob es möglich ist, mit den Göttern irgendwie in Verbindung treten zu können, auch wenn man Sie gar nicht sehen kann? Oder anders gesagt: Ist das Sehen der Gottheit Voraussetzung, um mit Ihr kommunizieren zu können? Ich denke nicht. Auch ein blinder Mensch kann mit andern Menschen sprechen, ohne daß er sie sieht.

Somit bleibt nur die Frage, wie man mit Gottheiten Verbindung aufnehmen kann. Dies behandele ich im nächsten Kapitel.

Im Heidentum ist es Brauch, sich für eine besondere Schutzgottheit zu entscheiden und diese besonders zu verehren. Das ist ähnlich wie im Katholizismus der jeweilige Schutzpatron, den man am eigenen Namenstag verehrt. Leider wählen sich Modeheiden meist irgendeine Gottheit aus, die gar nicht zu ihnen paßt. Wenn sich jemand auf den Kriegsgott Tius (Tyr) beruft, dann aber vor Angst fortrennt, wenn er abends dunkle Gestalten erblickt, dann stimmt da irgendetwas nicht. Man kann die Gottheit nach dem Tierkreiszeichen wählen (siehe mein Buch Kommentar zur Edda Band 1), oder nach persönlicher Vorliebe und Sympathie. Oft ist es auch so, daß sich die Gottheit von Sich aus bei einem meldet. Man merkt den Beistand einer Gottheit auch daran, daß Sie einem hilft oder man irgendwie Ihre Anwesenheit spürt. Als ich im August 2010 die norditalienische Stadt Bologna besuchte, um hier an der Konferenz des World Congresses of Ethnic Religion (WCER) teilzunehmen, spürte ich die Anwesenheit der Göttin Frowa (Freyja), die hier Venus (Aphrodite) genannt wird, besonders stark. Daß Ihr Portrait auf jeder italienischen 10 ¢ Münze zu sehen ist, ist bekannt (diese Münze wird daher von Heiden gerne als Opfermünze verwendet und ersetzt das deutsche 50 Pfg. Stück). Als ich aber zu unserer Unterkunft ging, sah ich auf der Wiese um das Haus mehrere Hasen, welche ja der Liebesgöttin geweiht sind. Die anderen Vertreter von heidnischen Gemeinschaften gingen an ihnen vorbei und bemerkten sie gar nicht, was ich sehr enttäuschend fand. Auch weitere Tiere (Vögel) zeigten sich, die auf diese Göttin zu deuten waren.

Zu der Annahme, daß es Götter gibt, kommt die weitere Annahme, daß es auch Geister gibt. Geister sind Wesen der uns unsichtbaren Welt, die im Gegensatz zu Göttern weniger mächtig sind; sie unterstehen den Göttern und helfen, die Verbindung zu uns Menschen herzustellen. Auch Verstorbene werden zu Geistern, können uns Lebende sogar besonders unterstützen. Auf die Geistwesen werde ich noch später eingehen.

Zu dem Glauben an Götter und Geister kommt auch noch der Glaube an das Weiterleben nach dem Tode, der Wiederverkörperung und an den Sinn jeden Lebens. Diese Dinge muß man am Anfang ganz offen und vorurteilsfrei annehmen, um überhaupt irgendwelche Erfahrungen machen und einordnen zu können.

Mir ist auch noch wichtig, darauf hinzuweisen, daß es einen Zufall nicht gibt; von „Zufall" reden wir, wenn uns unbekannte oder unübersichtliche Kräfte am Werke sind. Meine Großtante sagte immer: »Zufall ist, wenn die Tür zufällt« – und daran ist bekanntlich der Luftzug schuld.

Kapitel 2

Verbindung mit Göttern

Da unsere Vorfahren seit ältesten Zeiten die wirkenden Kräfte der Götter in den Dingen unserer Natur wahrgenommen haben, können wir uns diese Vorstellung nutzbar machen, indem wir uns zu diesen Dingen begeben.

Den Heiden ist die Natur nicht „Um-Welt", also eine Welt um uns herum, aber nicht dort, wo wir sind, sondern die Natur ist die Welt, und wir sind ein Teil dieser Natur und Welt.

Wodan (Odin) ist der höchste Gott, Sein Name bedeutet „Wut" und meint die Wut des Sturmes. Wodan ist also zuerst Sturmgott, Windgott, worauf auch Sein Beiname „Váfuðr" (= Wind) hindeutet. Da aber die individuelle Seele jedes Lebewesens mit dem Atem oder Hauch verbunden wird, der ja auch nichts anderes als ein Wind im Körper ist, ist Wodan auch der Gott, der uns erst (mit dem Winde, der zu unserem Atem wird) belebt, erfüllt. Das Neugeborene beginnt sein Leben mit dem ersten eigenen Atemzuge, und der Sterbende ist dann tot, wenn er seinen letzten Atemzug getan hat. Nach dem Glauben der Altheiden entweicht mit dem Atem auch die Seele dieses Menschen; sein Atem, der ja nur ein Luftzug ist, vereinigt sich mit der Luft der Umgebung, wird dann vom Winde hinweggetragen. Der Windgott ist somit auch ein Gott, der die Seelen mit Sich führt, ein Seelenführer, ein Totengott. Wir alle kennen die „Wilde Jagd", wenn die Menschen früher in den Novemberstürmen den Umzug Wodans mit den Seelen der Verstorbenen wahrzunehmen meinten.

Um also mit dem höchsten Gott Wodan (Christen nennen Ihn nur einfach „Gott", „El" oder „Jachveh") in Verbindung treten zu können, kann man sich an einen Ort in der Natur begeben, an dem es stürmt und windet. Wenn es möglich ist, kann man unbekleidet sein, weil man so mit allen Sinnen (der ganzen Haut) den Wind spürt, d. h. die Haut des ganzen Körpers nimmt den Wind wahr, was bei Kleidung nur Gesicht und Hände wirklich tun. An dem Ort kann man sich niedersetzen oder -legen, oder sich auch dem Winde entgegen stellen und sich die Vorstellung von Wodans Umzug mit den Seelen vorstellen. Zugleich kann man den Wind und seine Kraft spüren, denn der Wind ist tatsächlich eine sehr gewaltige Kraft. Man merkt dies natürlich dort, wo es verheerende Stürme gibt, eher als in unseren gemäßigten Breiten. Wichtig ist auch, ganz bewußt den Wind einzuatmen, sich dem Gedanken hinzugeben, daß dieser Wind uns ganz durchdringt und ausfüllt. Luft ist auch nach materialistischer Betrachtungsweise ein Lebensmittel, ohne das wir nicht leben könnten. Wir verdanken dem Winde, dem Gott Wodan, unsere Seele, unser Leben, und alles, was damit verbunden ist. Unsere Vorfahren warfen zuweilen etwas Mehl in den Wind mit dem Spruche: »Lieber Wind, nimm' das für Dein Kind«. Mit diesem Opfer will man den Wind besänftigen, damit er nicht das Dach abdeckt oder Bäume umwirft. Ich mache das auch bei starkem Sturm, und deswegen sind Sturmschäden in meinem Hause und Garten bisher nicht aufgetreten.

Da der Wind uns belebt, unsere Seele verkörpert, unseren Geist anregt, ist Wodan auch Gott der geistigen Ekstase, des (spirituellen und geheimen) Wissens, der Dichtkunst, der Runenzauberei, und vieles weitere.

Wenn wir uns also bewußt werden, daß das Element „Luft" Wodans Odem ist, daß es unsere Nahrung, unser Leben bedeutet, daß wir ohne die Luft, den Atem, sterben würden, dann gehen wir anders mit der Luft um: Wir werden sie nicht unnötig mit giftigem Ruß verunreinigen, also werden wir auf Cigaretten und Tabakgenuß verzichten. Wie undankbar muß es dem Gott erscheinen, wenn wir absichtlich und ohne Not Seinen so wichtigen Lebensodem verunreinigen? Kein Wunder, daß dies Krankheiten nach sich ziehen muß!

Wir werden auch im Alltag reine Luft zu würdigen lernen und alle Verunreinigungen – sofern diese nicht zum Überleben notwendig sind – vermeiden. Die Menschen in heidnischer Zeit mußten ihre Häuser heizen und dazu Feuer entzünden, dessen Rauch die Luft natürlich verunreinigte. Aber anders war ein Überleben damals nicht möglich. Heute ist das Automobil das Problem, und wenn es uns irgend möglich ist, sollten wir darauf verzichten. Ich selbst habe z. B. gar keinen Führerschein und kann so gar nicht in die Versuchung kommen, mir ein Automobil zuzulegen. Aber nicht alle Menschen können ohne es leben, etwa alte und gebrechliche Menschen, große Familien und Menschen, die dort wohnen, wo es keinen oder nur schlechten öffentlichen Nahverkehr gibt. Wie so oft muß also jeder Mensch entscheiden, wie weit er gehen will auf dem Wege zu den Göttern. Wer aber nun doch ein Automobil braucht, der kann ein kleines, wenig Benzin verbrauchendes oder elektrisches verwenden, es muß in der Regel nicht die PS-starke Großlimosine (SUV) sein.

Sich in den Wind zu stellen und sich ihm auszuliefern ist ein erster Schritt, um mit dem Windgott in irgendeiner Form Berührung zu erhalten. Es beweist uns nicht Seine Existenz und verhilft uns auch nicht zu Dingen übernatürlicher Art. Es muß weitergehen, daß wir uns bei jedem Wind oder Luftzug der Kraft des Gottes bewußt werden, daß wir alle materialistischen Erklärungen der Meteorologen zurückstellen. Es mag zutreffen, daß Wind als Ausgleich zwischen Hoch- und Tiefdruckgebieten entsteht. Aber die Entstehung ist nicht die Ursache: Warum ist da gerade ein Hochdruckgebiet, warum ein Tiefdruckgebiet, und warum spüren wir einen Windzug dennoch nur in einer ganz bestimmten Sekunde und nicht durchgehend? Wer hat es verfügt, daß gerade in dieser Sekunde, wo wir da unsern Weg gehen, der Wind uns trifft?

Wenn wir uns jedenfalls auf diese Weise dem Windgott öffnen und Seine Existenz in unserm Bewußtsein verankern, dann kann ein Weg beginnen, an dessen Ende vielleicht eine direkte Vision der Gottheit steht.

Ich habe einmal die „Wilde Jagd" gesehen, das war im Julfest (21. 12. 2017) in einem Heiligtum der Umgebung. Es war im Kult der Zeitpunkt, wo gerade ein Wodansgebet gesprochen wurde. Plötzlich rauschte an einer einzigen Stelle im windlosen Kiefernforst ein Sturm durch die Baumwipfel, der sich ganz fest begrenzt von südwest nach nordost bewegte, danach war wieder Stille. Meine Frau sah in dem Sturm zwei dunkle Vögel, die wir natürlich als Raben (Begleiter Wodans) deuteten. Vorher und nachher war keinerlei Sturm oder Wind.

Die Luft ist das eine Element, ein anderes ist die Erde. Die Erde ist in unserer Mythologie eine Göttin, und zwar die höchste Göttin, Fria-Holda (Frigg, Frau Frick, Frau Holle). Sie ist zwar nicht nur die Erde, sondern auch Himmelsgöttin, dennoch ist Ihr die Erde unterstellt. Diese Göttin ernährt uns, schützt uns vor Krankheiten, schafft den Segen im Hause für gute Menschen.

Um also mit der Erde in Verbindung zu treten, begeben wir uns passenderweise an einen Ort der Erde. Das ist einfach nur Sand oder ein tiefes Tal, es kann eine Höhle sein oder ein See, ein Moor.

Im Moor sah man schon im Mittelalter den Zugang in die Unterwelt der Erdgöttin. Auch ein Brunnenschacht wäre geeignet, doch
besteht bei Höhlen und Brunnen die Gefahr der Verletzung.

Kinderlose Frauen pilgerten und pilgern teils noch heute zum Frau-
Holle-Teich am Hohen Meisner, dem großen Frau-Holle-Berg in
Hessen. Dieser kleine Teich liegt romantisch im Walde; ich besuchte ihn 1983 oder 1984. Leider ist die Natur dort durch Basaltabbau
sehr beeinträchtigt. Wenn man an so einem Teich sitzt und sieht,
wie sich im glatten Wasser die Umgebung spiegelt, dann kann man
den Gedanken an eine Unterwelt, die hier beginnt, leicht nachvollziehen. Für diese Art der Verbindung rate ich dazu, sich niederzu-
setzen oder -legen, möglichst auch nackt, und die Erde ganz bewußt zu spüren. Man kann sogar Sand auf den Körper geben, um
ganz von der Erde umgeben zu sein.
Wenn man die Erde als Göttin versteht, dann wird man keinen
Müll achtlos auf die Erde werfen, auch keine Cigarettenstummel.
Man wird auch nicht auf die Erde spucken oder ein Messer in sie
stechen. Andererseits ist es für uns von Natur aus unvermeidlich,
daß wir unser Geschäft auf der Erde verrichten. Wenn es also einmal vorkommt, daß man in der Natur ist und keine Toilette in
Reichweite, dann dürfen wir auch die Erde benutzen, allerdings
möglichst vorher ein kleines Loch graben und hernach zuschütten
– was bei Katzen möglich ist, sollte auch uns selbstverständlich
sein; an Gestank haben weder Götter, noch Geister Freude.

Ich bin vor Jahren (etwa 1987) einmal leicht erkältet gewesen, also
dachte ich, ich gehe ins Moor um diese Erkältung loszuwerden. Zusätzlich hatte ich Rückenschmerzen, da ich irgendwie im Bett falsch
gelegen hatte. Das Moor, in welches ich damals oft ging, war das
Teufelsfenn am Teufelssee in Berlin-Grunewald. Das Moor ist ein-
gezäunt und darf nicht betreten werden (Naturschutzgebiet), im an-

grenzenden See aber baden viele Menschen, die von seiner gegenüberliegenden Seite (der Badewiese) zum See gehen.

Ich ging also ins Moor, wo ich schon oft war und jeden Baum kannte, wo ich schon übernachtet und meine Wildschweine beobachtet hatte. Ich ging unbekleidet durch den oberschenkeltiefen Schlamm des Moores, den die Wildschweine wohl erzeugt hatten. Das Gefühl von dem weichen, glitschigen dunklen Moorschlamm auf der Haut ist schon ein eigenes Erlebnis. Wahrscheinlich sind in dem Schlamm auch die Hinterlassenschaften der Wildschweine, doch diesem Gedanken gab ich mich nicht hin. Ich wollte ins Moor eintauchen, um der Erde nahe zu sein, um meine eigene natürliche Seite auszuleben. Ich wußte, daß ich vom Moor aus in den See gehen konnte, um so den Schlamm wieder abzuwaschen. Dazu mußte ich allerdings vorsichtig sein, damit mich die Badenden von der andern Seite des Sees nicht sehen und wegen meines unbefugten Betretens des Moores vielleicht meldeten.

Im Moor blieb ich vier Stunden, es war ja warmer Sommer. Ich hatte auch meine Altflöte mit und spielte einige Lieder, betete zu den Göttern oder sah den Wildschweinen zu. Als ich dann wieder zu Hause war, war die Erkältung – wie erhofft – weg. Die „Schlammpackung", also die Kraft der Erdgöttin hatte mich geheilt. Aber sehr erstaunt war ich, als ich merkte, daß auch meine Rückenschmerzen völlig weg waren, womit ich nicht gerechnet hatte. Sollte es so einfach sein, Krankheiten zu heilen? Immerhin benutzt die Schulmedizin heute auch Moorbäder, allerdings in einer sehr dekadenten Art: Da wird Moor aus Ungarn abgebaut (und damit dort zerstört) und gereinigt nach Deutschland gefahren, wo es in einer speziellen Badewanne für den Patienten bereitgestellt wird. Nichts von Natur, nichts von der Göttin, keine Wildschweine. Soweit ist die Wissenschaft leider noch lange nicht, daß sie vom Zusammenspiel der Natur eine Ahnung hätte.

Ich glaube, daß nicht nur die Erdgöttin bei mir wirkte, ich gehe auch von Geistwesen (Idisen, Alben) aus, die hier mithelfen, wohl im Dienste der Götter. Denn Götter können ja nicht überall zugleich sein, und aus der griechischen Mythologie weiß ich, daß Geistwesen die Verbindung zwischen Menschen und Göttern herstellen. Die guten Geistwesen sind die „Holden", die – der Name macht es deutlich – mit Frau Holle in Verbindung stehen, hingegen sind „Unholde" böse Geister (dazu später mehr).

Dem Element des Wassers ordnen wir den Gott Nerd (Nord, Njörd) zu, der allerdings in erster Linie Meeresgott ist. Flüsse haben eigene Wesenheiten; kleine Seen sind der Fria geweiht. Große Seen scheinen aber auch dem Nerd und Seiner Tochter Frowa (Freyja) geweiht zu sein, denn entsprechende Sagen gibt es, wonach die Göttin aus dem See kommt und zum Tanze geht (siehe mein Buch „Kultstätten in Berlin", S. 48-52); somit ergibt sich, daß unsere Vorfahren größere Gewässer auch diesen Gottheiten zugeordnet haben.

Am stärksten ist die Kraft des Nerd, des Gottes des Reichtums, der Fischerei (Fischreichtum) und der Schiffahrt natürlich zu im Meere zu spüren. Wenn man sich in die Wellen begibt und das Wasser spürt, dann kann man sich dem Gott Nerd (Neptun, Poseidon) öffnen. Nie darf man aber ängstlich sein, Angst vor irgendwelchen Fischen im Wasser, Quallen usw. haben. Wer sich in Demut und offen dem Meeresgott nähert, dem geschieht nichts, denn wenn er es mit der richtigen Einstellung macht, dann steht er als Gast im Element des Gottes unter dem Schutz des Gastrechts.

Wenn ich mich an die Zeiten erinnere, wo man in den Süden auf die Balearen flog um dort Sonne und Meer zu genießen, dann fallen mir auch die vielen „No-Go's" ein, die man dort beobachten mußte. Ohne Achtung vor dem Meer und Seiner Kraft wird da gebadet, geplantscht und gesurft, viel Plastik und Sonnencreme sind dabei,

Krach und Action (Wasserski, Motorboote), Bespaßung in jeder Form, wie im Kindergarten. Das Meer wird in keiner Weise besonders gewürdigt, niemand scheint vor dieser Urgewalt Respekt zu haben. Das Meer wird zum Grund und zum Objekt unseres „Funs". Müll läßt man liegen oder wirft ihn ins Meer und wer mal „muß", dem ist der Weg zur Toilette meist auch zu weit.

Und dann wundert man sich, wenn da mal ein Hai erscheint und zubeißt, oder wenn Quallen, Seeigel oder andere Meeresbewohner die Leute schädigen.

Heidnisch ist es, beim ersten Bade im Meer den Gott zu grüßen, ihm für dieses schöne Wasser zu danken und ihn zu bitten, daß man sich in seinem Element aufhalten möchte. Eine kleine Opfergabe ins Wasser zu werfen, schadet auch nichts. Ein alter Spruch lautet: »Wirft man einen Stein durch die Beinen in das Wasser, wird man nicht mehr nasser«.

Dann kann man sich dem Wasser, den Wellen (die Töchter Nerds) hingeben und die Kraft dieses Gottes spüren. Dennoch muß man vorsichtig sein und seine eigenen Kräfte nicht überschätzen. Auch wenn man in Harmonie mit dem Gott des Meeres ist, mag es zuweilen einzelne Wesen im Meere geben, die sich nicht an die Weisungen des Gottes halten und uns schaden wollen, daher ist kluge Vorsicht nicht falsch. Aber sie darf uns nicht dazu verleiten, uns zu verschließen. Den Gedanken, mit dem Meere eins zu werden, sollten wir pflegen, wenn wir im Wasser schwimmen. Natürlich brechen wir Korallen, Muscheln usw. nicht ab, harpunieren keine Fische und stören die Natur des Meeres nicht. Wenn man einmal muß, kann man sich eine Stelle am Land suchen. Wenn man sich als Freund in Freundschaft und unter Beachtung eines ordentlichen Benehmens dem Meer und seinen Gottheiten nähert, dann wird einem umgekehrt das Meer auch freundlich entgegentreten und vielleicht sogar seine Schätze zeigen (seltene Fische, Korallen, spirituelle Wesen). Wer das Meer aber zur Kulisse für seinen Abenteuerurlaub mißbraucht, der wird es nicht freundlich erleben können.

Zum Element des Wassers gehört auch das Wasser, das vom Himmel kommt, der Regen und das Gewitter. Über den leichten, befruchtenden Regen herrscht der Gott Ing-Fro (Yngvi-Freyr); wenn man sich also in diesen Regen begibt, kann man so auch versuchen, sich diesem Gott zu nähern. Der Gewitterregen allerdings, Wolkenbrüche und dergleichen sind dem Gott Donar (Thor) geweiht.

Einmal (vielleicht 2015) war ich im Sommer im Walde unterwegs und wurde von einem sehr heftigen Wolkenbruch überrascht. Zuerst stellte ich mich unter einen Baum, doch der Regen ging weiter, und unter dem Baume konnte man auch nicht völlig trocken bleiben. Ich hatte einen Germanenkittel an, den zog ich nun aus und ging von meinem Unterstand auf den Weg, wo viel Regen niederprasselte. Unbekleidet im Gewitterregen an einem warmen Sommertage war eine gute Möglichkeit, mich mit Donar zu verbinden, indem ich an Ihn dachte und ein Donar-Lied sang. Es war ein Weg mit grünem Rasen und einer Vertiefung, die schließlich ganz voll Wasser stand, etwa 50 cm tief. Da habe ich dann darin auch noch gebadet. Angst vor den Blitzen hatte ich nicht, da ich fest glaube, daß Blitze einen Menschen nicht willkürlich treffen, sondern die Götter entscheiden, wer getroffen werden soll. Das ist sozusagen eine Frage der Bestimmung, und wem das Ende bestimmt ist, der wird auch abberufen, sei es durch einen Blitz oder irgendein anderes Geschehen.

Das vierte Element ist das Feuer. Während in der späteren Zeit Loke (Loki) als Feuergott galt, scheint ursprünglich der Gott Ing-Fro (Yngvi-Freyr) als Feuergott angesehen worden zu sein, während Loke als Sohn eines Riesen gar nicht als Gottheit galt, sondern

Dienstmann Donars war und nur wegen seiner Blutsbrüderschaft mit Wodan besondere Rechte hatte. Ich war der Argumentation von Ludwig Gruber gefolgt, die zwischen den Namen germanisch Ingwaz, lateinisch Ignis (= Feuer), indisch Agni (= Feuergott) eine etymologische Verbindung sah und ein indogermanisches *Ingneq (= Brennen) annahm. Diese Ableitung aber scheint unhaltbar zu sein und der Name Ing scheint einfach nur „Sohn, Nachkomme" zu bedeuten. Aber daß der Gott dennoch ein Gott des Feuers (auch des Feuers der Sonne) und der Wärme ist, das ergibt sich aus den Mythen und der Gísla Saga Súrssonar 18. Auch hat man ihm im Ofenfeuer den ersten Zahn oder den Brautkranz geopfert.

Deswegen ist das Feuer nach meiner Deutung und Erfahrung das Element des Gottes Ing-Fro oder nordisch Yngvi-Freyr. Der Gott ist Gott des Friedens, der Fruchtbarkeit und des Reichtums, Loke hingegen symbolisiert eher das verheerende, umwandelnde Wildfeuer. Das Herdfeuer ist Fro geweiht, aber wohl auch der Schwester der Sonne, der Göttin Sinthgunt (Syn), die die Göttin ist, die die Häuser schützt und den Angeklagten beisteht.

Sich im Feuer aufzuhalten, ist für uns Menschen nicht möglich, aber wir können ihm nahekommen. Zu vielen der Jahresfeste war und ist es üblich, über das Feuer zu springen. So einen Sprung verbindet man auch mit einem Wunsche, und der Glaube herrscht, daß das Überspringen des Feuers die Aura des Springers reinigt und Unholde, die ihm möglicherweise anhaften, vertreibt. Vom Sprunge über das Feuer bei den Jahresfesten erwartet man sich Fruchtbarkeit und Gesundheit. Man muß dabei aber natürliche Kleidung tragen, denn ansonsten könnte ein Funke die Kleidung entzünden. Ich rate daher, auch bei Feuerritualen unbekleidet zu sein, zumal man ja auch die Wärme des Feuers nicht nur im Gesicht spüren sollte.

Eine einzelne Andeutung beim Initiationsritual der jungen Frauen ist erhalten, wonach diese über das Feuer gehängt wurden, und zwar so, daß sie nicht brennen, sondern nur der Wärme und dem Rauch ausgesetzt wurden. In das Feuer hat man nun wohl auch bestimmte Kräuter gegeben, die dem Rauch ihren speziellen Geruch gaben. Und im Eddalied Grimnismál ist es der Gott Wodan selbst, der zwischen zwei Feuern sitzen muß, was eine uralte Technik zu Erlangung von Visionen darstellt.

In der modernen Esoterik sind „Feuerläufe" üblich, bei denen die Teilnehmer durchs Feuer laufen, ohne verwundet zu werden. Ich nahm einmal an so einer Aktion teil (es war wohl 1987). Zuerst ist zu sagen, daß es kein Feuerlaufen ist, sondern ein rasches Durchschreiten der ausgebreiteten Glut. Die Gruppe veranstaltete zuvor esoterische Übungen und Gebete. Ich verzichtete darauf, und es ging trotzdem, denn es ist ein physikalisches Gesetz, daß ein normalgewichtiger Mensch über einen Glutteppich laufen kann. Es gibt durch Feuchtigkeit und Schweiß eine Art Schutzschicht zwischen der Glut und dem Fuße; auch ist man ja nur sehr kurz mit dem Fuße auf der Glut. Wenn man nicht zu schwer ist, kann diese Übung jeder Mensch leicht schaffen. Der Sinn so eines Glutlaufes ist also in erster Linie der, seine Ängste zu überwinden, sich etwas zu trauen, was man sich normalerweise nicht traut. Wenn man sich einmal überwunden hat, dann ist die Übung geeignet, mehr Mut zu bekommen und deswegen durchaus sinnvoll (sofern so ein Seminar nicht überteuert angeboten wird).

Sich dem Feuer öffnen geht auch, indem man einfach einmal mit dem Arm rasch durch die Flammen geht, denn in so kurzer Zeit verbrennt man sich nicht. Das Feuer nicht als Gegner verstehen, sondern als Helfer im kalten Winter; ohne Feuer könnten wir hier auf der Nordhalbkugel gar nicht überleben. Im Altertum weissagten die Priester auch aus der Art des Feuers, aus den Bewegungen der Flammen, ihrer Farbe, ihrer Größe und aus Art und Richtung des Rauches. Leider sind die Regeln dieser Form der Weissagung nicht mehr bekannt. Aber ich denke, daß eine gerade und hoch brennende Flamme eine Art Zustimmung (zur gestellten Frage) darstellt, eine zuckende und seitlich ausschlagende Flame aber eine Verneinung. Eine helle Flamme ist gut, eine weniger leuchtende nicht so gut. Auch das Knistern und die Rauchentwicklung (gerade aufsteigend = Bejahung, viel Rauch = weniger gut) sind zu beachten.

Kapitel 3

Der Wald

Der Wald ist unsere natürliche Umgebung, unser uns zugemessener und angepaßter Lebensraum. Durch unsere Großstädte mit wenig Natur und zugepflasterten Böden sind wir aus diesem natürlichen Lebensraum herausgekommen und leben nun in der „toten Welt". Aber in unseren Seelen ist der Wald zum Glück immer noch fest verankert. Gerade wir als Nachkommen der Germanen haben ein ganz besonderes, romantisches und mystisches Verhältnis zum Walde, was z. B. Wüstenvölker nicht haben. Andere Völker wundern sich über diese unsere Art, den Wald zu sehen.

Als Altheide ist der Wald einem aber noch viel mehr, denn wir Altheiden sehen im Walde nicht einen Wirtschaftfaktor oder einen Schutz für gute Luft und das Klima, sondern uns ist der Wald belebt und der Ort, wo sich Götter und Geister aufhalten. Einen Baum als „Festmeter Holz" zu sehen, das ist eine Anschauung, die ich in keiner Weise verstehen kann. Oder den Wald nur deswegen zu schützen, weil man Angst hat, daß sich ohne Wälder die Luft nicht mehr ausreichend reinigt, das ist eine sehr materialistische, von Daseinsangst geprägte Sichtweise. Auch kann ich mit der romantischen Floskel von der „Waldeinsamkeit" nicht viel anfangen, denn im Walde ist man nicht einsam. Der Wald besteht aus seinen Bäumen und Pflanzen, die allesamt Lebewesen sind. Wenn ich also in den Wald gehe, gehe ich an einen Ort der von unzähligen anderen Lebewesen gebildet wird; da kann ich nicht einsam sein. Neben den Pflanzen sind da auch noch die Tiere, die allerdings vom Durchschnittsmenschen selten gesehen werden.

Als ich mich dem Phänomen „Wald" nähern wollte, geschah dies aus dem theoretischen Wissen heraus, daß sich im Walde spirituelle Wesen aufhalten. Zunächst aber mußte ich meine „Waldangst" überwinden. Das klingt jetzt vielleicht befremdlich, schließlich muß man doch im Walde keine Angst haben. Hatte ich auch nicht, aber wenn es um den nächtlichen Wald geht, sieht die Sache anders aus, schließlich ist man mit vielen, ungewohnten Geräuschen und Tierlauten konfrontiert, es raschelt irgendwo und wer weiß, ob nicht ein tollwütiges Tier einen am Ende noch anfällt.
Die Waldangst muß man überwinden lernen. Frauen haben oft Angst vor irgendwelchen Verbrechern, die im Walde lauern und sie vielleicht vergewaltigen. Diese Angst ist natürlich unbegründet, denn im Walde treffen Verbrecher höchst selten ihre Opfer, die Straftaten geschehen da, wo die Menschen leben und bestenfalls am Rande von Grünflächen. Und wenn wir uns nachts in den Wald begeben, machen wir weder Licht, noch Krach, also wie sollte man von einem Verbrecher überhaupt gefunden werden?

Es kommt ein anderer, noch wichtigerer Gedanke dazu, das Vertrauen zu den eigenen Kräften und zu den Göttern. Das klingt einfach. Die Götter sind real, außerdem sind wir von Geistwesen umgeben. Diese würden uns vor einer Gefahr warnen und uns einreden, uns in eine andere Richtung zu begeben. Ohne Vertrauen an die Götter und Geister sollte man nicht in die Welt treten.

Ich bin gerne bei Vollmond im nächtlichen Walde spazieren gegangen; es war eine magische Atmosphäre und ein unbeschreibliches Erleben, das helle weiße Licht auf dem Waldboden zu sehen.

Schon als Kind war ich oft mit der Familie im Walde. Ich wohnte damals in der Hagenstraße 51a in Berlin-Grunewald; von da waren es nur 300 Mtr. zum Grunewald und 800 Mtr. zum Grunewaldsee. So gehörte der Wald von Anfang an zu meinem Leben. Als ich dann um 1982 zum Heidentum kam, bekam der Wald erneut bei mir seine besondere Bedeutung, nun allerdings in dem Wissen, daß hier Götter und Geister wirken, Bäume leben, und sich mit der Natur zu verbinden nicht falsch sein kann.

Mit einem weißen Priestergewande wanderte ich durch den Grunewald, entdeckte einsame und teils schon lange unbenutzte Wege (so den alten, fast zugewachsenen „Neumanns-" oder „Kreutzweg") und erfreute mich der Ruhe und der Schönheit des Waldes. Ich hatte ein regelrechtes Waldjahr, wo ich so oft wie möglich im Walde spazieren ging. Damals übte noch die amerikanische Besatzungsmacht mit ihren Panzern im Walde und nahm dabei auf Flurschäden kaum Rücksicht. Ein Panzer fuhr z. B. in einen zu schmalen Weg, und rechts und links brachen die Bäume – Sorry, hieß es da nur.
Einen derartig gebrochenen Baum, eine junge Birke, sah ich, und sie tat mir leid. Der Stamm war schon splitterig aufgerissen, hing aber noch zusammen. Ich richtete die Birke wieder auf und stützte sie mit verschiedenen herumliegenden Ästen bzw. Stämmen. Hoffnung, daß der Stamm wieder zusammenwachsen wird, hatte ich nicht. Doch als ich Monate später diesen Weg wieder ging, war die Bruchstelle verheilt und die Birke stand wieder.

Ich merkte aber auch, daß man nicht wirklich im Walde ist, wenn man ihn auf den Wegen durchschreitet. Wald ist dann nur zu beiden Seiten des Weges, aber man selbst ist auf dem Wege eben nicht wirklich im Wald. So beschloß ich, die Wege zu verlassen und direkt querfeldein durch den Wald zu wandern. Erst jetzt bekam ich das Gefühl, wirklich ein Teil des Waldes zu sein, entdeckte viele schöne Stellen, die ich sonst nie gefunden hätte, sah Tiere, die ich sonst nie gesehen hätte und blieb oft den ganzen Tag im Walde. Von normaler, bürgerlicher Kleidung hatte ich mich inzwischen befreit, denn mit Acryl-Pullover oder Polyester-Hose kann man nicht wirklich naturverbunden sein. Das weiße Gewand war auch weniger gut geeignet, da ich ja nun (ab 1986) in Charlottenburg wohnte und immer erst mit dem Fahrrad zum Walde radeln mußte. Ich trug nun eine Leinenhose und einen selbstgenähten groben Naturleinen-Kittel, wie man ihn in der heidnischen Zeit und noch lange danach getragen hatte (die Herstellung hatte ich im Museumsdorf Düppel gelernt). Das Material hat den Vorteil, daß es in keiner Weise nach „Mensch" riecht, und auf Parfums und entsprechend riechende Seifen usw. hatte ich sowieso schon verzichtet. Ich roch also nicht mehr nach „Mensch" und deswegen hatten auch die Tiere vor mir keine Angst mehr. Ich bin auch im Teufelssee oder in der Havel baden gegangen, und so roch ich dann also nur nach dem natürlichen Wasser dieser Gewässer.

Das Fahrrad stellte ich am Postfenn oder irgendwo am Waldrande ab, schloß es an und ging dann zu Fuß und querfeldein. Es war ein altes, billiges Fahrrad, bei dem nicht zu befürchten war, daß es gestohlen wird.

Im Grunewald gibt es einen uralten hohlen Baum, eine Eiche, unweit der Havel; auf den bin ich geklettert oder ging in seinen hohlen Stamm. Mit anderen Heiden veranstalteten wir Rituale oder einfache Treffen im Walde, wobei der Berliner Grunewald relativ stark von Besuchern frequentiert wird. Feuer entzünden ist natürlich verboten, die Ausnahmen im Gesetz hat man uns nie gewährt.

Vor über 30 Jahren waren wir eine Gruppe von sechs Heiden, die ein Vollmondtreffen abhalten wollten. Dazu gingen wir auf eine kleine Waldlichtung in der Nähe des Dahlemer Feldes, die mit grünem Rasen bewachsen war und abseits der Wege lag. Dort entzündeten wir ein kleines Feuer und saßen dort und führten einen Kult durch. Doch die Polizei raste mit mehreren Fahrzeugen auf den Hauptwegen herbei, wir sahen das Licht der Scheinwerfer durch die Bäume hindurch. Die Polizisten hielten an, stiegen aus und kamen in unsere Richtung, denn den Feuerschein konnten sie offenbar sehen. Wir packten unsere Sachen schnell ein und liefen in alle Richtungen davon. Ein Polizist lief mir und meiner Gefährtin mit seiner Taschenlampe nach. Wir rannten durch den dunklen Wald, und irgendwann setzten wir uns nieder, weil uns eine weitere Flucht aussichtslos erschien. Es war eigentlich ein Aufgeben. Ich hatte einen braunen Germanenmantel (eine Decke, 1,50 x 3,00 Meter, gefaltet und umgehängt, aus grober Schafwolle), den deckte ich über uns beide. Der Polizist kam und leuchtete herum, leuchtete uns auch an. Nun – wähnte ich – ist alles aus, es droht Festnahme und Anzeige wegen illegalen Feuerentzündens. Aber es kam anders: Der Polizist ging leuchtend und suchend weiter. Er muß die braune, aus grobgewebter Wolle bestehende Decke im Dunkeln für einen Sandhaufen oder Ameisenhaufen gehalten haben. Am nächsten Tage erfuhr ich, daß auch alle andern Teilnehmer entkommen waren. Eine Teilnehmerin, die sich im Grunewald nicht auskannte, irrte herum und kam am Ende am frühen Morgen in Nikolassee heraus, der Förster dort wies ihr dann den richtigen Weg. Und ich war natürlich am Ausgang des Waldes besonders vorsichtig, da dort die Polizei meist wartet, bis die Täter den Wald Richtung Stadt verlassen. Falls ein böser Mensch mich deswegen anzeigen will, so weise ich darauf hin, daß längst Verjährung eingetreten ist und ein Buch wie dieses eben keine beeidigte Zeugenaussage ist.

Irgendwann reicht auch das durch den Wald Wandern nicht mehr und man will den spirituellen Weg weitergehen. Im Alt-Heidentum kannte man die sog. Initiation oder Einweihung: Jugendliche durchliefen eine Ausbildung und hernach eine Initiation, die sie dann erst zu vollgültigen Erwachsenen machte. Sinn dieser Initiation ist es, das theoretisch Gelernte über die Götter, Mythen und Feste nun auch durch eigene Visionen und Erfahrungen nachzuvollziehen.

Weil noch Andeutungen über diese Initiation vorhanden sind (etwa das Wachen oder das Fasten in den Wodansmysterien), habe ich es aus den Quellen rekonstruiert. Danach muß man sich drei Tage und Nächte im Walde an einem Ort aufhalten, darf nicht essen, trinken oder schlafen. Auch soll man unbekleidet sein und darf nur einen Kultgegenstand mit besonderer Bedeutung für einen selbst dabeihaben. Man darf nicht reden oder lachen.

Als kleine Gruppe von sechs Personen trafen wir uns dazu im Spandauer Forst, doch war es schon Herbst und viel zu kalt, so daß wir abbrechen mußten. Sowieso ist so etwas nur allein zu machen; in einer Gruppe öffnet man sich nicht genügend. Ein Bekannter machte die Initiation allein, und das ging sehr gut; er erhielt Visionen von Naturgeistern und erfuhr seine speziellen helfenden Pflanzenwesen. Ich betreute ihn, kam täglich einmal zu ihm, und er teilte mir durch die Klopfrunen (geklopfte Runen, ähnlich den Morsezeichen) mit, was ihm nottat. Er hatte sich an einem Tage an einer Glasscherbe verletzt und blutete, so daß ich ihm dann entsprechendes Verbandszeug brachte.

Meine eigene Initiation wollte ich im Leistruper Wald (Westphalen) durchführen. Ich kannte die Gegend schon durch einen früheren Besuch und aus der Literatur. Dort gibt es nicht nur ein Hügelgrab, sondern einen richtigen Opferstein mit Becken daran, einen kleineren Opferstein, eine heilige Quelle und einen großen Kultstein. Auch finden sich im Walde verborgen Steinreihen, ähnlich wie die in Carnac (Bretagne), nur aus kleineren Findlingen bestehend.

Dorthin war ich also 1987 von Berlin aus gereist, hatte nur mein Kult-Gemshorn (eine Art Hornflöte) mit und begann nun, drei Tage zu fasten. Ich konnte im Winde Wodan spüren und fühlte mich eins mit der Natur. Am dritten Tage wanderte ich durch den Wald und ging zum „Tempelgrund", denn auf Grund dieses Namens vermutete ich hier eine besondere, heidnische Bedeutung. In der Nähe war eine eingezäunte Wiese, über die ich ging. Da rief mich eine uralte Frau weg, ich solle doch ihre Wiese nicht betreten. Das fand ich etwas kleinlich; was interessiert die Frau, wo ich herumlaufe? Sie hatte da eine kleine Holzhütte und erklärte mir, daß sie das Gras für ihre Pferde brauche, es dürfe nicht heruntergetreten werden. Sie sah natürlich, daß ich in meinem Leinenkittel nicht wie ein „normaler" Mensch aussah und fing sogleich an, mir irgendein altes Gründerzeit-Gedicht vom Gott Baldur aufzusagen. Ich war also im Tempelgrund, finde die alte weise Frau vor und die zitiert mir auch noch ein Gedicht über Baldur. Dann sollte ich erzählen, was ich da mache und ich erzählte davon, daß ich hier faste und auf Visionssuche bin. „Ganz falsch" war ihre Antwort und sie schlug Eier in eine heiße Pfanne auf dem kleinen Kocher, packte noch Schinken hinein und machte mir das fertig. Ich sagte, das gehe nicht, aber sie bestand darauf. Und da meine Begegnung mit ihr offenbar vom Schicksal vorbestimmt war, gab ich meinen Widerstand auf.

Von ihr erfuhr ich dann, daß der „Tempelgrund" nur nach einem früheren Besitzer, Herrn Tempel, benannt sei. Außerdem erzählte sie mir noch einiges von den Eschen und Holundern an den Häusern. Früher stand nämlich vor jedem Haus im Dorf ein Holunder (Frau-Holle-Busch), der für den Hausfrieden und -schutz nötig war; außerdem hinter dem Haus oft eine Esche (Wodans Baum). Als dann die Aktion „unser Dorf soll schöner werden" kam, wurden oft in Unwissenheit die Holunderbüsche abgeschlagen. Sie hatte dagegen vergeblich protestiert. Inzwischen ist diese weise Frau aus dem Leistruper Walde, die Hilde Berghahn hieß, bestimmt verstorben, denn es sind seitdem etwa 33 Jahre vergangen und sie war schon sehr alt. Ich erinnere mich aber noch gut an sie und ihre Geschichten.

Nach meiner Zeit im Leistruper Walde wanderte ich zu den Externsteinen, die ja nicht sehr weit entfernt liegen. Hier traf ich andere Heiden, die in zwei Tagen dort das Mittsommerfest begehen wollten. Es kam eine Gruppe von neun Personen zusammen, und ich führte sie zur Halensteiner Höhle, in die ich ja auch noch unbedingt wollte, denn es ist eine alte Kult- und Einweihungshöhle. Ich hatte mir schon vor einiger Zeit in Detmold Informationen über diese Höhle, die der Sage nach bis Paderborn gehen soll, beschafft. Sie ist recht tief und hat dann eine längere Spalte, die an der engsten Stelle nur 25 cm breit ist. Dahinter kommt dann ein erster Raum, dann geht der Gang zu einem zweiten Raum. Weiter geht es nicht (verschüttet); man sieht nur am Boden zwischen den Steinen, daß es da eigentlich weitergeht. Regelmäßig muß die Feuerwehr anrücken, um Menschen, die in der Höhle eingeklemmt sind, zu befreien. Die Höhle liegt frei im Walde, ohne Zugangskontrolle. Ob das noch heute so ist, weiß ich nicht. Den Eingang der Teufelshöhle in der Nähe, die noch gefährlicher ist, hat man leider zugeschüttet, weil es viele Unfälle gab.

Wir kamen also bei der Höhle an und wollten nun hinuntersteigen. Ich ermahnte alle, nichts aus der Höhle mitzunehmen, denn das hätten die Geister des Ortes uns nicht verziehen. Der Weg ist eng und glitschig; wir hatten auch nur Kerzen und höchstens eine Taschenlampe. Dann kamen wir zur Engstelle, und hier wollten sechs Teilnehmer nicht mehr weitergehen. Sie waren der Ansicht, daß sie sich weit genug vorgewagt hätten und daß ihnen ein Weitergehen nicht zustände. Der Rest aber ging weiter, und um uns Mut zu machen, sangen wir das Erdmutterlied (Lieder der Vorzeit, S. 374). Es ist sehr beklemmend, in so einer Engstelle zu stecken; man geht seitlich, kann die Knie nicht beugen, rutscht also eher langsam hinunter. Ich hatte Platzangst und sah die Gefahr, daß man in der Engstelle steckenbleibt. Dann aber überkam mich ein Gefühl, welches ich bei Kriegern vermute, nämlich, daß einem plötzlich alles egal ist und man jetzt unbedingt da hindurchgehen will. Das geht einher mit einem Vertrauen an die höheren Mächte, daß man sich sagt: Es muß so sein und kann nichts passieren, weil die höheren Mächte einen schützen. Jetzt muß sich zeigen, ob der Glaube an diese Wesen und das Vertrauen in sie tatsächlich vorhanden ist. Und genau das soll man ja bei einer Initiation lernen.

Irgendwie kam ich durch und wir waren in dem ersten Raum. Dort blieb wieder jemand zurück und ich ging mit noch einem Begleiter bis zur letzten Kammer. Er blieb aber am Eingange stehen, wagte es nicht, weiterzugehen. Ich bat alle, sämtliche Lichter zu löschen. Wenn man tief in einem Berg ist, spürt man irgendwie auch die Masse des Gesteins, die einen umgibt, es ist absolut dunkel und völlig still. Das Gestein „drückt" irgendwie auf einen, bedrückt einen, aber zugleich ist man geborgen und im Jenseits. Ein Forscher hatte den Namen der Höhle, „Halensteiner Höhle" auch mit Halja, Hel, der Unterweltsriesin verbunden.

Der Rückweg war noch schwieriger. Wenn man nämlich seitlich steht und die Knie nicht beugen kann, kann man zwar hinuntergleiten, aber kommt nur sehr schwer hoch. Wenn man dann in der Engstelle auch noch wegen der Platzangst überreagiert, dann kann es geschehen, daß man sich in Panik völlig verklemmt. Auch wenn man selbst es schaffen würde, so sind doch andere vor einem, und wenn sich einer von denen verklemmt, kommt der Rest auch nicht mehr hoch. Mobiltelephone gab es noch nicht, und die hätten da wohl auch kein Netz. Durch Singen des Erdmutterliedes aber konnten wir alle beruhigen und kamen schließlich hindurch. Es war dann wie eine Geburt, eine Neugeburt in die Welt. Die Höhle war ja schon in heidnischer Zeit bekannt, und unsere Vorfahren hätten leicht die Engstelle erweitern können, was sie aber nicht getan haben. Sie wollten also so eine Engstelle haben um so den Menschen, die dort initiiert wurden, diesen Geburtsgedanken zu vermitteln. Auch von der Engstelle bis zum Eingang ist es ein weiter Weg, und man sieht das Tageslicht nicht gleich. Endlich erscheint ein kleiner Punkt, wo der Eingang ist, und man steigt heraus aus dem tiefen Berge bis ans Tageslicht, was eine symbolische Neugeburt auf die Welt ist.

Diese Initiation hat mich auch der Natur, den Göttern und Geistern näher gebracht. Inzwischen war das Gefühl, daß ich auch der Wald bin und der Wald auch ich ist, bei mir fest geworden. Ich konnte in meinen Grunewald gehen und den ganzen Wald spüren. Wo er leidet, wo er Kraft hat, ja, vielleicht sogar ahnen, was er will. Ich hatte ein Heiligtum in Berlin betreut, Pichelswerder; dort gab es eine efeubewachsene Stelle, wo der innere Kreis des Heiligtums war. Ich war da oft, meditierte, betete oder orakelte. Eines Tages träumte ich, daß diese Stelle in Gefahr sei. Ich fuhr also dorthin und fand Forstarbeiter, die Bäume rodeten. Der Wald hatte mich im Traume informiert und vielleicht auch um Hilfe gebeten. Zum Glück blieb diese Stelle von den Maßnahmen verschont.

Oft war ich im Grunewald auch mit kleinem, grünen Zelt (was natürlich wieder mal verboten ist) und saß z. B. auf der „Schwedenlichtung", einer freien kleinen Wiese, wo es einen Findling gibt, der im Boden liegt und von dem die Oberseite allein sichtbar war, was an schwedische Felsbilder erinnert (die ich auch mal besucht hatte).

Heute ist der Stein überwachsen und im Boden verborgen.

Immer wenn ich sehe, daß irgendwo Bäume gefällt werden, blutet mir das Herz, und ich bin sehr traurig. Ich bete für die Seelen der Bäume, daß sie in ihrer nächsten Inkarnation unbehelligt von menschlicher Willkür leben können und daß sie sich dereinst im Glasislund (dem Walde im Götterreich) verkörpern mögen. Wenn ich dabei ein frevelhaftes Vorgehen der Abholzer bemerke, d. h. niedere Beweggründe, Mißachtung alter, wertvoller Bäume, Profitsucht, bitte ich die Götter, diese Menschen dafür zu bestrafen.

Dennoch ist klar, daß wir das Holz der Bäume zum Überleben benötigen, denn anders konnten unsere Vorfahren ihre Häuser weder errichten, noch heizen und wären im Winter erfroren. Wir dürfen uns von der Natur nur nehmen, was wir wirklich zum Leben brauchen. Aber auch, wenn einmal ein Baum gefällt werden mußte, wurde sein Wesen berücksichtigt und der Holzfäller bat ihn um Entschuldigung, was leider heute unterbleibt. Mehrere Sprüche dazu sind überliefert (Brian Food, Alan Lee, Das große Buch der Geister, Oldenburg, München 1979, S. 166):

> *»Altes Mädchen, gib mir Dein Holz,*
> *Und ich gebe Dir meines*
> *Wenn ich zu einem Baum geworden bin.«*

Im Holderbusch (Holunder) wohnt nach dem Glauben des Nordens die Hyldemoer (die Holle-Mutter, also die Göttin Fria). Man darf nichts von ihm brechen, ohne zu sagen (aus: Thiele, Danske folkesagn):

> *»O Hyldemoer, laß mich etwas*
> *Von Deiner Erle nehmen,*
> *Und ich will Dich dafür*
> *Etwas von meiner nehmen lassen.«*

Ein dritter Spruch richtet sich an den Ellhorn (Ahorn, zuweilen bezeichnet Ellhorn auch den schwarzen Holunder), dazu kniete man sich hin und nahm die Kopfbedeckung ab (J. Grimm, Dt. Myhologie II, 543):

> *»Frau Ellhorn,*
> *Gib mir was von Deinem Holz,*
> *Dann will ich Dir von meinem auch was geben*
> *Wann es wächst im Walde.«*

Man kann mit Bäumen übrigens gut in Verbindung treten, unter ihnen sitzen oder sie berühren und ihnen Gedanken übermitteln. Das taten schon unsere Vorfahren, wie das Buch meiner Frau Catrin von Nahodyl, „Die Macht von Baum und Busch" zeigt. Die angelsächsische Runenreihe hat sogar einige Baumrunen, die man nutzen kann, nämlich aesc (Esche), cen (Kien, Kiefer), eoh (Eibe), peord (Busch der Göttin Perchta), beorc (Birke), ac (Eiche) und cweord (Apfelbaum).

Als ich einmal im Jahre 2016 ziemlich krank war und nicht schmerzfrei gehen konnte, blieb ich die Wochen am Tage unter meinen Birken im Garten im Liegestuhl liegen. Die Birken boten mir dabei ihren Schutz und ihre guten Kräfte, und ich bedankte mich bei ihnen. Dann eines Tages im Herbst erschienen 7 Steinpilze genau an der Stelle, wo ich immer meinen Liegestuhl hatte. Nie zuvor waren hier Steinpilze gewesen, nur Birkenpilze, die sich aber seitdem nicht mehr sehen ließen. Ich deutete das als freundliche Gabe der Birken, aber ließ die Pilze stehen, denn sie stehen ja in einer Verbindung mit den Bäumen, liefern ihnen Mineralstoffe und Wasser und erhalten umgekehrt Zucker. Erst jetzt, im Jahre 2019, also drei Jahre später, sind wieder genau 7 Steinpilze hier heraufgekommen und ein Birkenpilz ließ sich auch wieder sehen. Daß wir diese Pilze natürlich nicht abschnitten und aßen, ist selbstverständlich. Sie sollen sich ja möglichst vermehren.

Daß ich natürlich den Wahnsinn mit den Weihnachtsbäumen verurteile, ist ja klar. Ich habe in meinem Leben nur einmal einen Weihnachtsbaum gekauft, ich habe immer nach Bäumen gesucht, die kostenlos sind und nicht gefällt (gemordet) wurden. Denn im Walde findet man häufig vom Sturm gefällte Tannen, gerodete Nadelbäume, die die Waldarbeiter liegenlassen usw. So etwas suche ich und nehme es mit, es muß dabei nicht perfekt gewachsen sein. Fehlt mal ein Ast an einer Seite, kann man auch einen einzelnen Ast im Stamme einstecken (indem man ein kleines Loch bohrt). Bei mir steht der Weihnachtsbaum auch nicht nur bis Dreikönig oder sogar nur zwei Festtage, er steht − wie es die Tradition verlangt − in der Regel bis zum Fasnachtsfest.

Man kann Bäume auch um etwas bitten, ihnen Krankheiten übertragen oder sie um Hilfe bitten. Ich hatte in Berlin einen wundervollen magischen Baum, der einen sehr knorrigen Stamm hatte, in dem man regelrechte Figuren erkennen konnte. Er stand am westlichen Ausgang des Regionalbahnhofs Charlottenburg, der zur Winscheidstraße ging. Der Bahnhof wurde aber vor einigen Jahren umgebaut und dabei dieser Zugang (ohne Grund) geschlossen. Der Baum überlebte die Arbeiten nicht, und sein toter Stamm wurde dann irgendwann entfernt. Ich hatte hier oft mein Fahrrad abgestellt, wenn ich in die S-Bahn wollte, und den Baum um Schutz meines Fahrrades gebeten und mich bei meiner Rückkehr dafür auch bei ihm bedankt. Nie ist es beschädigt oder gestohlen worden. Als der Baum gestorben war, mußte ich sehr weinen; es war mein Wunderbaum (ich weiß bis heute nicht, welcher Art er war). Ein anderer mit Rindenfigur steht auf dem Havelberg (siehe Umschlagbild). Noch heute bitte ich Bäume um Schutz, wenn ich mein Fahrrad in der Nähe abstelle. Man wendet sich übrigens möglichst an den ältesten Baum, denn der ist sozusagen der „Chef", und er hilft dann natürlich. Ihn zu übergehen wäre nicht in Ordnung.

Wenn man den Blick vom Walde zur gesamten Natur wendet, dann zeigt sich auch der Unterschied des heidnischen Denkens. Heiden wollen nicht nur jeden Wald erhalten, jeden Baum schützen oder sogar neue Wälder anlegen, Heiden wollen auch, daß die Natur und Landschaft genau so bleibt, wie die Götter sie geschaffen haben. Wenn irgendwo ein Hügel ist, dann muß er auch bleiben und darf nicht für den Sandabbau abgetragen werden. Wenn irgendwo ein Tal ist, darf es nicht für irgendwelche Bauvorhaben zugeschüttet werden. Wenn ganze Landschaften in der Lausitz durch den Tagebau zerstört werden, ist das aus heidnischer Sicht nicht tolerierbar. Vor allem müßte hinterher wieder dieselbe Natur errichtet werden, d. h. es müßten Hügel dort angelegt werden, wo sie zuvor waren, Täler, Dörfer, Bäche usw. Stattdessen aber werden die alten Tagebaulöcher einfach nur mit Wasser geflutet – das ist die billigste Art, die Schäden am menschlichen Raubbau zu kaschieren. Derartige künstliche Seen brauchen wir nicht; sie beeinflussen die Erdstrahlung und wirken schädlich für die ganze Region. Sie sind übrigens auch zu tief und gefährden Badende, denn es können plötzlich kalte Strömungen aus der Tiefe kommen, und die Schwimmer erleiden dadurch gefährliche Kreislaufkollapse und Krämpfe. In Berlin gibt es den künstlich angelegten Flughafensee, in dem schon viele Badende wegen plötzlicher kalter Strömungen ertrunken sind.

Heidnisch ist es, die Natur, die Erdoberfläche wie ein Gemälde der Götter zu verstehen, in das wir als Menschen nicht eingreifen dürfen. Niemand würde einem kleinen Kind einen Pinsel mit Farbe in die Hand geben und ihm erlauben, im Gemälde eines Meisters wie z. B. Rembrandt, herumzumalen. Aber mit der von den Göttern geschaffenen Natur machen wir so etwas, erkennen die Götter als Erschaffer und Künstler nicht an.

Kapitel 4

Die Tiere

Die Tiere werden von „normalen" Menschen als instinktgeleitete, unintelligente Lebewesen beinahe verächtlich angesehen. Im Heidentum war das ganz anders, da gewährte man Tieren dieselben Rechte wie den Menschen. Als einmal ein Bär die Schafe eines Bauern riß, mußte eigens ein Thing (eine Gerichtsversammlung) einberufen werden, auf dem der Bär angeklagt wurde und Stimmen gegen und für den Bären sprechen konnten, bevor der Bär dann schuldig gesprochen wurde und gejagt werden durfte. Dies erzählt die Finnboga Saga Ramma Kap. 11. Man denkt unwillkürlich an den sog. „Problembär" Bruno, der durch Bayern wanderte und klammheimlich und gegen den Willen der Bevölkerung abgeschossen (ermordet) wurde.

Der Hinduismus entstammt derselben Wurzel wie das germanischen Altheidentum, und sein theoretisches Verhältnis zu Tieren kann man mit dem heidnischen vergleichen. Helmut von Glasenapp schrieb darüber (Die fünf Weltreligionen, München 1996, S. 431):

»Anstoß erregt es bei den Hindus, daß die christlichen Philosophen den Tieren und Pflanzen keine Seele zuschreiben. Die Bibelstellen, in denen Tiere und Pflanzen eine schlechte Behandlung erfahren, rufen deshalb ihre Entrüstung hervor, so die Austreibung der bösen Geister in unschuldige Schweine (Matthä-

us 21, 19). Vor allem aber sehen sie menschliche Überheblichkeit darin, daß die Tiere ihren einzigen Daseinszweck darin haben sollen, von Menschen ge-fangen und geschlachtet zu werden (2. Petrus 12), entsprechend der Verheißung Gottes an Noah und seine Söhne (Genesis 9, 2ff): „Furcht und Schrecken vor euch soll kommen über alle Tiere auf Erden und über alle Vögel unter dem Himmel, über alles, was sich auf Erden regt, und über die Fische des Meeres: In eure Gewalt sind sie gegeben".«

Daß diese Sichtweise in keiner Weise richtig ist, zeigte sich mir im Verlaufe meines heidnischen Lebens. Schon im Jahre 1988 war ich sehr häufig im Berliner Grunewald, der etwa 2 ½ km hinter meiner Charlottenburger Wohnung begann.

Nach meinem Kalender von damals startete der regelmäßige Wald-besuch am Mittwoch, den Heiden „Wodanstag" nennen, den 13. April 1988; an diesem Tage wanderte ich querfeldein durch den Wald und traf im Naturschutzgebiet der Saubucht auf ein schlafen-des Wildschwein, eine Bache. Ich schlich mich also langsam und lautlos wieder von dannen, aber ging schon Freitag und Sonnabend erneut in den Wald, in den Jagen 133, wo ich 6 Bachen, 30 Frisch-linge und am Freitag noch 5 Rehe von einem Hochsitz aus beob-achtete. Am Sonnabend kamen im Jagen 138 noch zwei Bachen mit ihren Frischlingen dazu. So ging es weiter; am folgenden Dienstag bis Donnerstag war ich im Walde, traf wieder meine Bachen mit ihren Frischlingen.

Im Jahre 1989 gelobte ich beim Julfest (Weihnachten) folgendes: »Ich will im neuen Jahre jede Woche mindestens ein Mal in den Wald gehen; wenn ich verhindert bin, dann in der nächsten Woche häufiger, also mindestens 52 Mal«. Julgelübde im Angesicht der angerufenen Götter muß man unbedingt erfüllen. Lieber nichts ge-loben oder etwas einfaches, als ein Gelübde nicht einzuhalten. Dieses Gelöbnis habe ich aber übererfüllt, ich war von der Wintersonnenwende 1988 bis zur Wintersonnenwende 1989 insgesamt (nach meinem Kalender, der nicht unbedingt vollständig sein muß) 95 Mal im Walde, und zwar jeweils recht lange.

In den wärmeren Monaten trug ich dabei den selbstgenähten Leinenkittel und verwendete keinerlei duftende Kosmetik. Und ich ging querfeldein durch den Wald. So konnte es kommen, daß ich im Unterholz saß, die Wildschweine beobachtete und einige Meter neben mir auf dem Weg Menschen gingen, die von mir oder der Rotte Wildschweine nichts mitbekamen. Das ist umso erstaunlicher wenn man bedenkt, daß Wildschweine sehr stark nach Liebstöckel (Maggi) riechen – ein Geruch, dem sich eigentlich niemand entziehen kann. Aber heutige Großstadtmenschen sind inzwischen so naturentfremdet, daß sie derartige Feinheiten gar nicht mehr mitbekommen.

Manchmal wußte ich, daß irgendwo ein Reh in der Nähe ist, welches sich dann auch kurz darauf tatsächlich zeigte. Wahrscheinlich hatte ich es gerochen, obwohl ich bis heute nicht sagen kann, wie Rehe riechen. Das läuft also eher unbewußt ab.

Ich ging also nun regelmäßig in den Wald und besuchte meine Wildschweine. Zuerst beobachtete ich sie nur von den Hochsitzen aus; später setzte ich mich hin und sah sie von meinem Platz am Rande der Lichtung, wo sie sich tagsüber oft aufhielten. Nie ist ein Wildschwein mir gegenüber aggressiv geworden. Einmal war ich gerade in das Naturschutzgebiet des Teufelsfenns gegangen, auf einem alten, abgesperrten Wege. Etwa 20 Mtr. entfernt stand eine Bache mit drei Frischlingen in meine Richtung gewendet. Sie machte ein Geräusch, daß ich befürchtete, sie könnte Angst bekommen oder aggressiv werden; auch war ein Frischling in meine Richtung losgeprescht. Um ihr zu zeigen, daß ich nicht ihr Gegner bin, setzte ich mich hin und wirkte so kleiner. Ich versuchte auch, ihr gute Gedanken zu übersenden. Da beruhigte sie sich und ging gemächlich ihres Weges.

Ich stellte mir sowieso die Frage, ob Menschen und Tiere immer Gegner oder gar Feinde sein müßten und wollte meinen Teil dazu beitragen, diese Feindschaft zu beenden. Leider aber tragen die Jäger dazu bei, daß die Wildtiere des Waldes uns Menschen nicht als Freunde sehen können. Nebenbei bemerkt: es werden durch die Jagd auch nur die zahmsten Tiere erwischt, während die scheuen und vorsichtigen überleben und sich weitervermehren. Am Ende werden die Arten immer scheuer, anders als ursprünglich. Auch werden die Wildtiere so nach und nach zu Nachttieren, was sie von Natur aus gar nicht sind. Aber nur in der Nacht sind sie ungestört und unbehelligt. Besonders beunruhigen sie die Menschen mit freilaufenden Hunden. Diese Menschen wähnen, sie seien Tierfreunde, sind es aber gar nicht, da sie die Wildtiere vertreiben.

Ich wanderte oft den Wildschweinrotten nach und beobachtete sie von weitem, weil sie mich faszinierten. Eigentlich sind die Tiere des Waldes die letzten freien Wesen unseres Planeten, denn wir Menschen werden durch das Geldsystem unterdrückt; wir müssen Geld verdienen, um Steuern bezahlen zu können. Uns ist ein sorgenfreies Leben in der Natur und als Teil der Natur eigentlich nicht mehr möglich. Oder könnte man sich im Walde einfach eine Holzhütte bauen und dort leben? Sicher nicht. Im Jahre 1992 hatte ich so eine Hütte im Grunewald gebaut, 2 x 3 Mtr. Grundfläche, nur aus umgefallenen und mit Hanfschnüren verbundenen Stämmen errichtet, Dach und Seitenwände mit frischen Traubenkirschen-Zweigen gebildet. Die kanadischen Traubenkirschen sind der große Ärger der Förster, weil diese fremde Baumart im Walde wuchert und viele einheimische Pflanzen verdrängt.

Mein Haus war fertig, doch eines Tages kam ich in den Wald, da war es zerstört. Förster oder Waldarbeiter hatten es entdeckt und zerlegt.

Von den Wildschweinen lernte ich viel; zuweilen mischte sich auch ein Fuchs unter die Frischlinge und schnappte nach den Brotstücken, die die Waldarbeiter auf den Lichtungen verstreut hatten. Mit diesen Anfütterungen will man die Wildschweine dazu erziehen, diese Futterlichtungen regelmäßig aufzusuchen, damit man sie dann abschießen kann. Leider geschah das auch vielen meiner Schweine. Ich kannte ihre Zahl, kannte die Bachen, traf auch selten mal den gewaltigen Keiler Moritz, merkte dann aber, daß Frischlinge fehlten. Die Förster hatten sie abgeschossen, ermordet. Einmal traf ich den Förster, der sagte mir, er müsse noch einige „Überläufer" (junge Wildschweine, die in andere Rotten wechseln) schießen. Dann aber hatte er eine Bache (Wildschweinmutter) geschossen. Mit Quoten und Verpflichtungen nahm man es da offenbar nicht sehr genau.
Ich war immer sehr traurig, wenn wieder Wildschweine meiner Rotte fehlten und wünschte den Schützen alles Übel der Welt an (ob es ihnen geschadet hat, weiß ich nicht, gehe aber davon aus). Unglückszauber sind dann gestattet, wenn sie sich als Strafe gegen Frevler richten.

Überhaupt, die Jagd: Adelige jagen traditionsgemäß oft, auch meine Vorfahren, dennoch ist es moralisch betrachtet falsch. Sicher, als es keine Wölfe mehr gab, mag die Jagd zur Erhaltung der gesunden Waldverjüngung notwendig gewesen sein. Inzwischen aber ist der Wolf wieder da, und die Jagd ist nun nicht mehr nötig. Überhaupt glaube ich inzwischen, daß die Natur, also die Götter, alles ohne menschliches Eingreifen selbst regeln. Es kommt vor allem aber auf die Motivation des Jägers an. In Berlin jagten die Förster, weil es zu ihren Aufgaben gehörte. Sie taten das auch eher ungerne. So eine Jagd kann ich noch irgendwie verstehen, wenn auch nicht richtig finden, zumal ich dem Förster im Walde begegnete, der den großen Keiler Moritz suchte, um ihn zu erschießen. Auch hatte man dazu im tiefsten Unterholz eine Lebendfalle aufgestellt, die ich sabotierte.

Wenn aber irgendwelche Menschen Jäger sein wollen und dafür mehrere 10.000 € bezahlen, dann darf ich deren Motivation durchaus nachfragen. Geht es ihnen (wie immer behauptet) um die Herstellung des Gleichgewichts in der Natur? Dann sollten sie über den Wolf froh sein und sich für die Wiederansiedlung der Wisente einsetzen. Stattdessen setzen sie sich vehement dafür ein, auch den Wolf bejagen zu dürfen. Offenbar geht es also weniger um das Gleichgewicht der Natur, als um den „Spaß", die Jagd als „Sport". Was sind das für Menschen, die aus Spaß Tiere ermorden, die ohne Notwendigkeit viel Geld dafür bezahlen, damit ihnen dieses Morden möglich wird? Kann ich einen Menschen, dem das Töten von Tieren Spaß macht und der dafür auch noch viel Geld bezahlt, als psychisch gesunden Menschen ansehen? Muß ich hier nicht eher einen krankhaften Psychopathen sehen? Wie krank ist unsere Gesellschaft, daß sie so etwas ermöglicht? Es ist der Spaß an der Macht über Leben und Tod, der diese krankhaften Jäger antreibt. Ich sage immer, daß das vielleicht auch daran liegt, daß sie zu Hause nichts zu sagen haben und kleine, ängstliche Würstchen und keine Männer sind.

Nehmen wir den Feldhasen: Seine Bestände sind durch die Landwirtschaft und das Fehlen naturbelassener Kräuterwiesen sowie durch den Autoverkehr gefährdet. Dennoch wird der Feldhase gejagt, und um den Bestand auszugleichen, ließ man noch vor einigen Jahren in Ungarn Hasen einfangen und hier bei uns aussetzen. Allein die Mordlust ist hier also Grund für die Jagd; eine Bestandsregelung wäre hier völlig unsinnig. Bernhard Grizimek berichtete davon und auch von einem Feldhasen, der von Deutschland aus den weiten Weg zurück nach Ungarn gelaufen war – ich vermute, daß er zu seiner Hasenfamilie zurückwollte. Dieses von Bernhard Grizimek dokumentierte Verhalten sagt viel mehr über Tiere aus als alle wissenschaftlichen Analysen.

Ich hatte einen rötlich-braunen Kittel an und setzte mich irgendwo mitten in den Wald. Zuerst spielte ich etwas auf der Flöte, dann blieb ich einfach ruhig sitzen. Da kamen neben mich zwei Rehe (ich mache immer den Fehler, Rehe oder Damtiere nicht zu unterscheiden, es werden wohl eher Dams gewesen sein), sie gingen 1-2 Mtr. neben mir sehr langsam vorbei. Ich sah sie an, sie mich auch, dennoch rannten sie nicht vor Angst weg. Ich versuche in solchen Situationen den Tieren beruhigende Gedanken zu übermitteln, versuche, ihnen gedanklich mitzuteilen, daß keine Gefahr von mir ausgeht. Dieses Erlebnis war auf dem Dachsberg; ein ähnliches hatte ich an einem Wege an anderer Stelle im Wald. Dort sah ich die Rehe, setzte mich also hin und blieb ruhig sitzen. Die Rehe kamen und gingen ganz nahe an mir vorbei. Irgendwann bin ich aufgestanden und langsam weggegangen, denn ich wollte nicht, daß die Rehe flüchten, falls sie mich noch nicht erblickt haben sollten (was unwahrscheinlich ist). Ich finde es schlimm, wenn mich Tiere wie einen bösen Fremden betrachten und fliehen. Also ging ich behutsam fort und die Rehe blieben.

Heute, wo ich in den Habichtsbergen lebe, sehe ich oft ganze Rotten von Damtieren. Unwillkürlich zähle ich die Tiere immer und die sich ergebende Zahl gibt mir eine Rune (Zauberzeichen) an, da ja jede Rune eine eigene Zahl hat. So will ich selbst in dem Anblick der Damtiere noch eine höhere Bedeutung erkennen – ob das aber zutrifft, kann ich nicht sagen, da Runen ja mehrdeutig sind.

An einer Stelle im Grunewald gibt es eine Eiche, die im oberen Stammesbereich ein Loch wie ein Fenster hat. Dort sah ich immer ein Käuzchen sitzen, auch am hellen Tage. Ich nahm dann auf dem Boden Platz und versuchte, dem Käuzchen gute Gedanken zu übermitteln. Das geht so, daß man sich vorstellt, wie göttliche Kraft vom Himmel aus wie durch einen Trichter auf das Käuzchen herniederkommt, oder man stellt sich vor, wie man das Tier streichelt oder füttert. Anfangs blickte das Käuzchen noch zu mir, dann aber schien es beruhigt und nahm mich nicht weiter in Augenschein. Der Baum steht in einem Tal; die Stelle, wo ich saß, war in etwa in gleicher Höhe wie das Käuzchenloch. Einmal saßen da sogar zwei in dem Loch, manchmal aber war es auch völlig leer, dann war ich traurig.

Inzwischen lebe ich ja nicht mehr in Berlin und kann daher nur selten den Grunewald besuchen. Ich bewohne mit meiner Frau ein eigenes Haus mit großem Garten. Diesen Garten lassen wir zum größten Teil verwildern, lassen den Rasen wachsen, nehmen keine Blumen weg und richten nur wenige Stellen etwas für uns her. Deswegen gibt es bei uns (im Gegensatz zu den Gärten der Nachbarn) noch viele Tiere, die es bei den anderen nicht gibt, etwa seltene Schmetterlinge, Libellen, zahllose Vögel, Eidechsen usw.

An größeren Tieren hatten wir schon im Garten: Rehe (Dams, als der Gartenzaun noch nicht fertig war), einen Wolf (nur durch die Spur im Schnee bemerkt), einen Fuchs, der im Garten schlief, einen Dachs, regelmäßig kommt ein Waschbär, mehrere Igel, mindestens vier Marder, Iltisse (nur in der Zwischendecke zu hören), Eichhörnchen (einmal kamen drei gleichzeitig zu unserem Walnußbaum), Waldmäuse, Hausmäuse, eine Spitzmaus, Eidechsen, Molche, Blindschleichen, eine Waldohreule (nur einmal gesehen), Spechte (Buntspechte, Grünspechte, Schwarzspechte), Eichelhäher, einen Sperber, Krähen, Elstern, Meisen, auch weiße Schwanzmeisen, Rotschwänzchen, Rotkehlchen, Nachtigall, Kuckuck, Mönchsgrasmük-ke, Kernbeißer, zahllose Spatzen, Stare und viele andere.

Unsere Eidechsen kamen aus ihrem Holzhaufen heraus, wenn man sie rief. Ich konnte sie sogar mit Käfern füttern, indem ich ihnen einen Käfer zuwarf, den sie dann schnappten.
Unserer Amselhahn „Hopsi" ist inzwischen zahm und kann sich durchaus mitteilen. Das Wasserbecken, in dem er badet, war nur halbvoll, daher kam Hopsi neben meinen Liegestuhl. Er wollte mir mitteilen, daß er frisches Wasser braucht. Also füllten wir nach und schon ging er hinein um zu baden.

Natürlich hängen wir auch einen Meisenknödel auf; und als der kürzlich zu Ende war, klopften zwei Meisen an die Fensterscheibe unseres Wohnzimmers. Sie wollten uns mitteilen, daß ein neuer Knödel aufgehängt werden muß. Am Anfang klopfte auch oft eine Blaumeise an das Fenster, wenn am Knödel zuviele Spatzen waren, die sie nicht heranließen. Ich ging dann ans Fenster; die Spatzen flohen und die Blaumeise konnte fressen. Aber inzwischen lassen wir auch die Spatzen fressen, denn sie haben ja dasselbe Recht. Das haben die Blaumeisen auch verstanden und klopfen deswegen nicht mehr.
Als die Spatzen Junge hatten, haben sie uns diese stolz vorgeführt, indem sie nahe bei unserem Platz die Jungen „ausführten". Sie wissen, daß wir ihnen nichts tun, denn ab und zu hüpfen die Jungvögel noch auf dem Boden, weil sie noch nicht gut fliegen können, und wir blieben in der Entfernung stehen. Jedes fleischfressende Tier hätte sich sofort auf die zappelnden Jungvögel gestürzt.

Es gibt in unserem Garten auch Kirschbäume, und wir decken die nicht mit Netzen zu. Die Vögel haben ja das ältere Recht, die Kirschen zu ernten. Aber die Star-Gang überfällt unsere Kirschbäume nur alle paar Jahre, nicht jedes Jahr. Sie nehmen also offenbar auf uns oder andere Kirschesser Rücksicht. Einer der Stare war so schlau und ahmte immer mit seiner Stimme einen Raubvogel nach, um Konkurrenten zu vertreiben. Seitdem ein Pirol bei uns gebrütet hatte, macht er den auch gut nach, Eichelhäher und Krähen sowieso.

Dann gibt es bei uns noch Rotschwänzchen, die irgendwo im Grundstück brüten und jedes Jahr wiederkommen. Wenn sie als Zugvögel losziehen wollen, verabschieden sie sich von uns, so am 22. 10. 2016: Da saß ein Rotschwänzchen auf einem Ast vor dem Wohnzimmerfenster, sah mich im Zimmer und erzählte mir etwas. Das war seine Verabschiedung. In einem anderen Jahre setzte sich ein Rotschwänzchen auf das Dach der Veranda und sah von dort in unser Zimmer. Dann sang es etwas, und das war seine Verabschiedung. Danach sind alle Rotschwänzchen weg. Diese Rotschwänzchen wissen also, daß wir hier leben und kommunizieren auch mit uns.

Dann hatten wir einen Vogel, einen Kernbeißer, der klopfte immer am unbewohnten Nachbarhaus der Feuerwehr an die Scheibe des Fensters. Ich dachte, er müsse irgendeinen Tick haben, denn für seinen Schnabel ist das auch nicht so gut. Eine Platte an das Fenster zu stellen (damit er sich in der Scheibe nicht spiegelt) half nichts. Er klopfte jeden Tag weiter. Offenbar machte ihm das Spaß, oder er war von dem Material des Glases fasziniert. Eine Krähe beobachtete ihn dabei und krähte manchmal. Leider erwischte ihn eines Tages ein Sperber und fraß ihn in userm Garten auf. Damit aber war es nicht zu Ende. Seitdem ist es die Krähe, die zuerst laut kräht, dann an demselben Fenster selbst klopft. Genauso laut, aber nicht so ausdauernd wie einst der Kernbeißer.

Daß Vögel auch trauern können, sah ich, als ich mit dem Rade auf der Landstraße fuhr. Da lag eine totgefahrene Spatzenhenne rechts auf der Fahrbahn. Sie wurde von dem Spatzenhahn immer wieder um- und angeflogen. Er war völlig aufgelöst und achtete nicht auf den zum Glück nicht dichten Verkehr. Er trauerte um seine Gefährtin und ich wurde darob auch traurig.

Als unser Amselhahn Hopsi seine Gefährtin „Mamsell" verlor, ging das so: Mamsell hüpfte neben uns, höchstens 1,50 Mtr. Abstand und hüpfte dann zu unserm Gartentisch, wo sie sich setzte. Hopsi war nicht zu sehen. Dort blieb sie sitzen und starb dort auch. Wir haben uns nicht eingemischt – was hätten wir auch tun können? – und unsere Mamsell in Ruhe sterben lassen. Sicher hätte man sie dann irgendwann beerdigt, aber uns schien es besser, uns da herauszuhalten. Am nächsten Morgen war sie dann weg. Irgendein Aasfresser hatte sie sich in der Nacht geholt. Hopsi ließ sich immer noch nicht sehen, obwohl wir ihn riefen. So hielt er sich von dem Abschiedsschmerz fern. Erst zwei Tage später war er wieder da und irgendwann hatte er auch wieder eine neue Gefährtin, die er uns auch zeigte (sie ist natürlich noch sehr scheu).

Amseln sind übrigens auch deswegen faszinierend, weil sie mit ihrem Gesang morgens die Sonne begrüßen, in der Abenddämmerung aber mit einem Lied auch verabschieden. Von wegen, Amseln singen nur um ihr Revier abzugrenzen – Unsinn! Es ist schon armselig, was uns so im Biologieunterricht beigebracht wurde. Übrigens hatte Hopsi lange Zeit Probleme damit, ein ordentliches Abendlied hinzubekommen. Er schrie immer nur so, als sei er von einer Katze bedroht, und ich beruhigte ihn dann immer. Inzwischen kann er abends besser singen. Morgens hat er übrigens keine Probleme mit dem Gesang. Offenbar empfindet er die einbrechende Dunkelheit als bedrohlich und bringt das zum Ausdruck.

Wenn Tiere sogar trauern können, dann wird es Zeit, daß Menschen sie ganz anders betrachten. Abknallen aus Mordlust geht dann nicht mehr, und ohne Grund Fleisch zu essen, ist zumindest bedenklich.

Wir hatten ein großes Murkchen (Kaninchen), welches wir sehr liebten und in der Wohnung hielten. Als „Mümmel" am 28. 5. 2005 starb, war unsere Trauer sehr groß. Wir diskutierten, wohin so ein Murkchen nach seinem Tode kommt, denn Walhall als Ort kann man sich da nur schwer vorstellen. Eher das Reich der Frau Holle. Als wir dann am 20. 6. 2005 zum Mittsommerfest im Heiligtum in Berlin waren, gaben uns die Götter die Antwort, die jeder der Festteilnehmer sehen konnte: Über dem Kultplatz konnte man durch die nicht sehr große Öffnung zum Himmel, die die Baumwipfel zuließen, eine Wolke genau in der Form eines Hasens oder Murkchens im Profil sehen: Die beiden Ohren, der Kopf, der Körper. Es war eine eindeutige Botschaft der Götter, und wir waren in unserer Trauer getröstet.

Zum Thema der Tiere gehören auch die ganz kleinen. Es gibt in unserem Garten schwarze Holzameisen. Mit denen hatten wir am Anfang auch schon Ärger, denn sie kamen eines Tages in das Wohnzimmer, bildeten dort eine Ameisenstraße. Und sie riechen nicht gut, und man weiß, daß sie Holz zerstören. Damals nahmen wir noch Backpulver, welches die Ameisen tötet. Das war noch „altes Denken", von dem man ja nie ganz frei ist. Es hat übrigens auch nicht wirklich geholfen, weder eine Ameise vertrieben, noch getötet, und ich mußte alle Ritzen in den Dielen zuspachteln, um das Zimmer wieder nutzen zu können.

Inzwischen wissen wir, daß Ameisen den Geruch von Gewürznelken hassen. Wenn also mal wieder so eine Holzameise auf dem

Fensterbrett im Zimmer ist, lege ich da Gewürznelken aus und keine Ameise kommt hier mehr herein. Sie scheinen nun auch zu verstehen, daß sie an so einem Ort nicht erwünscht sind und respektieren das.

Die Ameisen gehen von ihrem Unterschlupf im wilden Vorgarten über unsern kleinen Gartenweg in die hinteren Teile des Gartens. Der Weg hat einzelne Gehwegplatten, dazwischen Sand und eine aus dem Boden ragende Wurzel. Diese Wurzel nutzen die Holzameisen als Weg, während wir darüber immer einen Schritt machen, da wir die Ameisen ja nicht zertreten wollen. Das ist ein guter Status Quo, mit dem wir und die Ameisen leben können. Als wir dann eine Woche verreist waren und zurückkamen, sah man, daß nun die Ameisen in breiter Front über den Weg und die Platten liefen. Sie hatten also unsere Abwesenheit mitbekommen und nutzten den Platz nun voll aus. Sie bekamen aber auch unsere Rückkehr mit und gehen nun wieder brav auf der Wurzel, wenn sie über den Weg wollen. Das zeigt mir ihre Intelligenz; genauso reichen wenig Nelken, und sie wissen, daß sie dort nicht hingehen dürfen.

Dann gibt es bei uns irgendwo (wo, weiß ich nicht) Hornissen. Sie sind schlau und erkennen sogar Gesichter. Da wir ihnen nichts tun, tun sie uns auch nichts. Im Boden auf dem rückwärtigen Gartenteil war ein Loch, in dem Erdwespen lebten. Die hatten ihre Wächter und wenn man zu nahe zum Loch ging, flogen sie auf um ggfls. eine Bedohung ihres Lochs durch Stechen zu verhindern. Doch das taten sie uns noch nie, sie kannten uns und wußten, daß wir ihr Nest akzeptierten und nicht angreifen. Bei uns stiegen dann die Wächter gar nicht erst auf, wenn wir in der Nähe waren. Leider leben die Wespen nur ein Jahr, nur die Königin überlebt länger.

Allgemein heißt es, Tiere hätten weniger Intelligenz, als Menschen. Das mag sein, doch kann man den Wert eines Lebewesens nicht von seinem IQ abhängig machen, schließlich gibt es auch unintelligente Menschen.

Tiere aber haben Intuition; sie bekommen die Gedanken von anderen mit und sind uns damit überlegen. Es kommt also auch darauf an, ihnen positive Gedanken zu vermitteln, damit sie uns nicht als Feinde ansehen.

Übrigens sind weiße Tiere besonders heilig, und wenn man sie sieht, dann ist das ein bedeutsames Zeichen – das gilt allerdings nicht für weiße Haustiere, die man ja täglich um sich hat.

Wenn man Tiere als gleichwertige Lebewesen ansieht und nicht als „minderwertig" und nur zur „Nutzung" durch den Menschen bestimmt, dann wird man sich in vielen Punkten ganz anders verhalten als es nichtheidnische Menschen tun. Tierversuche z. B. sind dann nichts anderes als Folter von Tieren und müssen verboten werden. Die Argumentation, daß mit der Folter der Tiere in den Tierversuchen den Menschen neue Medikamente usw. geschaffen werden, ist dann nicht mehr stichhaltig, denn sie resultiert aus einer rassistisch-faschistoiden Überlegenheitsideologie, wonach der Mensch als „Gottes Ebenbild" mehr wert ist als ein Tier. Einen Spruch dazu hörte ich vor einiger Zeit: »Wo man sagt „sind ja nur Tiere" fängt Auschwitz an«. Wo man also Wesen einen unterschiedlichen Wert zubilligt.

Heidnisch hingegen ist die Sichtweise, daß Mensch und Tier mindestens gleichwertig sind, daß der Mensch nur mehr Verstand hat, dafür aber weniger Intuition. Folgt man den Schilderungen des Römers Tacitus, dann galten Priester nur als Diener der Götter, die Pferde als deren Vertraute (Germania Kap. 10). In allen Kulturen werden den Gottheiten bestimmte heilige Tiere zugeschrieben; in den ältesten Zeiten sollen die Götter sogar ganz als tiergestaltig wahrgenommen oder vorgestellt worden sein; später gab es Misch-formen. So hat die altägyptische Göttin Bastet einen Frauenkörper, aber einen Katzenkopf. Hera ist „kuhäugig". Anubis erscheint als Hund; der Sonnengott ähnelt einem Adler.

Aus diesem Grunde gibt es auch die Vorstellung eines Kraft- oder Seelentieres, welches jeder Mensch hat und in dem sich die Folge-geister manifestieren. Um 1980 nahm ich an einem Schamanismus-seminar in Berlin teil, welches der Michael-Harner-Schüler Jochen Hornung von der Freien Universität leitete. Hier fand ich mein per-sönliches Krafttier in einer schamanischen Bewußtseinsreise. Aller-dings haben diese Bewußtseinsreisen der modernen Esoteriker nichts mit dem echten Schamanismus der Naturvölker zu tun. Schon die Intention der esoterischen „Schamanen" ist anders, denn bei ihnen geht es um Erkenntnis oder Heilung ihrer selbst, wäh-rend echte Schamanen in einer Stammesgemeinschaft für die Ge-meinschaft wirken.

Tierversuche sind also ein Resultat der christlichen Lehre, wonach der Mensch etwas Besseres ist als das Tier und über es herrschen soll (Genesis).

Denken wir das dann konsequent weiter, müssen wir auch die Tier-haltung zwecks Fleischgewinnung in Frage stellen. Fleischliche Er-nährung war in heidnischer Zeit erlaubt und (in viel geringerem Maße als heute) üblich. Anders konnte man im kalten Germanien den Winter nicht überstehen, weil da nun einmal nichts wächst. Aber heute können wir dank moderner Technik und Überprodukti-on ganz auf das Fleisch verzichten; wir müssen also unsere Mitge-schöpfe nicht auffressen, um den Winter überstehen zu können. Genaugenommen ist Fleischverzehr auch ein Aasfressen; Fleisch-stücke sind Leichenteile. Daß unser Darm der eines Pflanzen- und

Fruchtessers ist und Fleisch viel zu lange im Darm verbleibt und dort u. a. Darmkrebs auslösen kann, kommt hinzu. Bestenfalls könnte man uns als Gemischtesser betrachten, vergleichbar dem Bären. Aber selbst der Bär ernährt sich höchstens 10-20% von Fleisch, 80% aber von Pflanzen und Früchten.

Ein besonders dummes Argument der Fleischesser ist, daß erst durch das Fleisch unser Gehirn im Verlaufe der Evolution gewachsen sei und wir nur dem Fleisch unseren Verstand verdanken. Man wundert sich dann aber schon, warum nicht auch das Gehirn der vielen Raubtiere, die nur Fleisch essen, in gleicher Weise gewachsen ist. Offenbar stimmt bei dieser Theorie einiges nicht. Auch soll Fleisch uns mehr Kraft geben als es pflanzliche Nahrung tut. Ich muß nun nicht gleich mit dem Deutschen Meister im Gewichtheben, Patrik Baboumian (ein Vegetarier) argumentieren, ein Blick zu den Stieren reicht: Sie sind unbestritten stark, obwohl sie nur pflanzliche Nahrung zu sich nehmen.

Schon vor über zwei Jahrtausenden hat der Gott Wodan (der Sich dort Zalmoxis nannte) bei den Thraco-Geten die fleischlose Ernährung angeordnet (Strabon, Geographia VII, 3, 5), weil es dort damals möglich war. Heute ist es auch uns möglich, und daran halte ich mich seitdem.

Damit entfallen dann auch die unsinnigen und für Tiere belastenden Tiertransporte und auch die Massentierhaltung. Tierschutz ist eine durch und durch heidnische Sache. Schon vor über 35 Jahren hatte ich einmal in Berlin für die Freiheit aller Tiere (auch der Zootiere) mitdemonstriert.

Kapitel 5

Der Tod

Meine Anschauungen über den Tod haben sich im Verlaufe meines Lebens mehrfach gewandelt. Zuerst, in meiner Jugend, war er gar kein Thema; Kinder bekommen den Tod gar nicht richtig mit oder können seine Dimension nicht erfassen. Etwas älter geworden begann bei mir eine Phase, in der ich lernte, den Tod nicht zu fürchten; schließlich ist er ganz natürlich und für religiöse Menschen nur das Tor in eine andere Welt. Ja, ich wurde regelrecht übermütig und wunderte mich, warum fromme Christen über den Tod eines Angehörigen so traurig werden, wo sie doch an ein Weiterleben im Himmel oder im Fegefeuer glauben sollten. Die Trauer dieser Menschen erschien mir als ein Indiz dafür, daß sie in Wirklichkeit eben an kein Weiterleben glaubten.

Dann aber wurde ich älter, es starben Menschen, die mir wichtig gewesen sind, die mich im Leben geprägt hatten und die ich nun verlor. Nun konnte auch ich trauern, trotz meines Glaubens, einfach deswegen, weil ich nun von diesen Menschen getrennt wurde. So, wie man auch traurig ist, wenn ein Angehöriger in ein fernes Land übersiedelt, wo man ihn nur sehr schwer besuchen könnte.

Für die Materialisten ist der Tod das absolute Ende, danach gibt es nichts. Nur ihr Name und ihre Gene leben in ihren Nachkommen weiter, und auch das, was von den Gestorbenen geprägt wurde. Aber was hat der Gestorbene, der nach seinem Tode völlig eliminiert ist, der nicht mehr existiert, davon, daß seine Werke und seine Nachkommen noch existieren? Einige Generationen später lebt auch das alles vielleicht nicht mehr. Den Ruhm, den man sich mit seinem Lebenswerk vielleicht erworben hat, kann man gar nicht mehr genießen.

Nein, die materialistische Anschauung, wonach mit dem Tode alles aus ist und die Individualität vergeht (an eine Seele glauben Materialisten ja nicht, aber würden sie es tun, würde auch diese natürlich mit dem Tode ausgelöscht werden), diese Anschauung kann ich in keinster Weise teilen. Das würde nämlich zugleich bedeuten, daß unser Leben sinnlos wäre, daß wir hier nur zufällig leben, um dann gleich wieder zu vergehen. Zufall aber gibt es nicht, und Sinnlosigkeit kann ich in der ganzen Natur, in der Schöpfung, nicht erkennen; vielmehr hat da alles seinen Sinn und Zweck. Wäre wirklich alles sinnlos, mit dem Tode alles aus, dann bräuchte man sich weder um die Erhaltung unserer Kulturgüter zu sorgen, noch um Umweltschutz zu kümmern; wir werden sowieso alle sterben, ob nun am Herzinfarkt oder an den Folgen der Umweltverschmutzung, das ist dann letztendlich auch egal.

Es ergibt sich schon aus der Logik, daß unsere Leben, alles Leben, einen Sinn hat und einer großen Ordnung folgt. Dazu gehört dann auch der Tod, der ja das Gegenüber der Geburt ist, genau wie sie ein Durchgangstor. Unsere Vorfahren sprachen vom Totentor (Grógaldr 1).

Ja, wir fürchten den Tod, aus verschiedenen Gründen: Einmal fürchten wir das Sterben, denn es ist in der Regel schmerzhaft. Dann bedauern wir, wenn Angehörige von uns gegangen sind; sie lassen uns ja letztendlich in unserer Einsamkeit zurück, und je älter wir werden, desto mehr Angehörige, Freunde und Bekannte sterben, und somit nimmt unsere Einsamkeit stetig zu. Das sind alles gute Gründe, den Tod zu fürchten; dazu kommt die Ungewißheit eines Weiterlebens nach dem Tode. Die Religionen lehren das zwar, aber die materialistische Schulerziehung widerspricht dem und beeinflußt uns in der Weise, daß wir Zweifel an den religiösen Verheißungen haben. Außerdem verkürzt der Tod unser Leben, daher muß unser Interesse sein, ihn so spät wie möglich zu erleiden. So bleibt die Frage, ob wir unsern Tod tatsächlich durch geschicktes Handeln, kluge Vorsicht und Vorbeugung hinauszögern könnten. Ich bin der festen Überzeugung, daß wir unsere Lebenszeit in der Regel nicht verlängern können.

Mein fester Glaube ist, daß uns unsere Lebenszeit von den Schicksalsmächten vorherbestimmt ist. Schon in den Helgaqviða Hundingsbana in fyrri der Edda, Str. 2 wird erzählt, daß die Nornen (Schicksalsfrauen) dem Helgi das Alter bestimmten, und in den For Scírnis 13 sagt Skirnir:

> *»Bis auf einen Tag ist mein Alter bestimmt*
> *Und meines Lebens Länge.«*

Ähnlich ist es auch in den biblischen Religionen, denn Matth. 6, 27 und Luk. 12, 25 zeigen, daß niemand seines Lebens Länge etwas hinzusetzen kann. Weitere Stellen zur Lebenslänge und zum Schicksal: Pred. 6, 10-12; 8, 8; 9, 12; Psalm 31, 15; 139, 16; Jeremia 10, 23; 5. Mos. 31, 14; 32, 35.

Wenn also Bibel und Edda überliefern, daß wir unseres Lebens Länge nicht verändern können, dann bedeutet das in der Folge, daß wir gar nicht versuchen sollten, das zu tun, denn es bleibt wirkungslos. Natürlich kann ein Mensch beschließen, seinem Leben selbst ein Ende zu setzen durch Selbsttötung. Oft aber gelingt es

Selbstmördern nicht; sie werden rechtzeitig gefunden und wiederbelebt. Es war ihnen also noch nicht bestimmt, zu sterben. In den
Fällen aber, wo es gelingt, können wir davon ausgehen, daß es ihnen auch bestimmt war, und hätten sie nicht Selbstmord gemacht,
wären sie vielleicht durch eine Krankheit, ein Verbrechen oder einen Unfall zur gleichen Zeit gestorben.

Vorherbestimmt ist uns sicher der Lebensweg mit den Schicksalsstationen und die Länge unseres Lebens. Aber wie wir uns zu den
Schicksalsstationen verhalten, das ist Sache unseres freien Willens,
unserer Selbstbestimmung. Unser Lebensweg ist der Weg hin zu
den Göttern, zu Verfeinerung und Erleuchtung, die Schicksalsstationen sind quasi Zwischenprüfungen dieses „Examens".

Ich möchte noch etwas zum Sterben sagen. Wir sehen einen Menschen an einer Krankheit sterben und nehmen wahr, wie er leidet.
Krankheiten verursachen Schmerzen. Stirbt der Mensch, dann – so
wähnen wir – werden seine Schmerzen noch stärker. Aber so ist es
gar nicht. Auch Menschen, die ganz plötzlich durch einen Verkehrsunfall aus dem Leben gerissen werden, fühlen tatsächlich keine Schmerzen. Das kann man anhand von Menschen, die einen
Unfall überlebten, sehen. Übereinstimmend berichten sie, daß der
eigentliche Unfall keine Schmerzen bereitete, auch haben sie daran
meist gar keine Erinnerung. Erst wenn sie im Krankenhaus erwach-
ten, spürten sie die von den Wunden verursachten Schmerzen. Ich
kenne einen Mann, der als Leibwächter gearbeitet hatte und einmal
angeschossen wurde. Er berichtete, daß das Eindringen der Kugel
in seinen Körper nur wie ein Antippen mit einem Finger zu spüren
war. Erst im Krankenhaus merkte er die von der Kugel verursachten Verwundungen. Unser Gehirn registriert Geschehnisse erst Minuten später, deswegen haben die Menschen an Unfälle in der Regel keine Erinnerung, und auch Schmerzen spüren sie nicht. Erst

später im Krankenhause; doch wenn wir sterben, dann wachen wir ja in einem Krankenhaus nicht auf und haben diese Schmerzen daher nicht. Ich wage zu behaupten: Die Schmerzen des Todes spürt der Sterbende im Regelfall nicht. Ich vermute, daß dies die Götter so eingerichtet haben, damit die Übergänge vom Leben zum Tod den Seelen leichter fallen.

Wir brauchen also vor dem Sterbevorgang keine Angst zu haben und vor dem Tod selbst auch nicht, denn nach dem Glauben aller Religionen ist damit eben nicht „alles aus"; es gibt ein Jenseits und es gibt die Wiederverkörperung.

Spielfilme unserer Zeit nutzen die verbreitete Angst vor dem Tode zur Erzeugung von Spannung. Der Held wird bedroht, und der Zuschauer, der sich mit dem Helden identifiziert hat, nimmt die Bedrohung an als eigene Bedrohung; der Film ruft also die vorhandene Angst vor dem Tode hervor und konfrontiert den Zuschauer damit. Wenn man aber keine Angst vor dem Tod hat, dann wirken derartige Spielfilme nicht mehr, verlieren ihre Spannung. Dann aber hat auch das sog. „Gutmenschentum" keine Wirkung mehr. Wenn also etwa Organisationen mit Bildern verhungernder Menschen in der dritten Welt um Spenden werben oder Politiker wegen irgendwelcher Kriege im Ausland für ein Einmischen werben, dann kann man das nicht nachvollziehen, wenn man selbst eine Todesangst nicht hat und dazu einen festen Glauben an ein Weiterleben nach dem Tode. Wenn der Tod ein Durchgangstor ist für einen Menschen, der auf der anderen Seite als Geistwesen weiterlebt, dann ist er nichts Schlimmes, und man ist nicht in dem Zwange, gegen jeden drohenden Tod irgendwo auf der Welt vorgehen zu müssen. Ich bin mir der Tatsache bewußt, daß dies für Materialisten, also „Ungläubige", zynisch klingt. Dies zeigt, wie weit die Meinungen hier auseinandergehen.

Unser Leben und Handeln wird dadurch bestimmt, wie wir über dessen Sinn und Zweck denken, ob wir an ein Jenseits und spätere Wiederverkörperung glauben oder nicht. Wenn man an eine Wiedergeburt in einem neuen Körper glaubt, wie das Altheiden ja tun, dann wird man mit der Erde ganz anders umgehen, als wenn man glaubt, daß nach dem Tode alles aus sei. Man wird gegen Umweltverschmutzung eintreten, weil man nicht in einer verseuchten Welt wiedergeboren werden will; man wird mitwirken, gerechte Gesetze zu schaffen, damit man nicht im nächsten Leben unter Ungerechtigkeit leiden muß. Man wird die Überbevölkerung bekämpfen, um nicht in einer übervollen Welt, in der die Natur keine Chance hat und die Menschheit hungert, leben zu müssen. Selbst bei den kleinen Dingen des Alltags wird man anders handeln: Man läßt z. B. kein Essen auf dem Teller übrig, weil man sonst vielleicht durch ein späteres Leben in Armut lernen muß, den Wert des Essens zu schätzen. Ärgerlich sind Menschen, die im Restaurant halbvolle Teller übriglassen; sie belasten sich mit diesem Tun schwer.

Alles Schöne, was man heute schafft, wird dann vielleicht in Zukunft auch noch da sein, wie wir uns ja auch an den künstlerischen Hinterlassenschaften der Menschen früherer Zeiten auf allen Gebieten erfreuen können.

Für mich persönlich kam hinzu, daß ich nicht will, daß alles, was ich über das Altheidentum herausgefunden habe, nach meinem Tode vergessen wird. Deswegen habe ich Bücher geschrieben und hoffe, diese in späteren Leben wiederzufinden, um so dieses Wissen erneut zu erhalten und darauf zurückgreifen zu können.

Woher kann man wissen, daß es eine Wiedergeburt, oder überhaupt ein Weiterleben nach dem Tode gibt? Durch die Sterbeforschung, die sich mit Nah-Tod-Erlebnissen auseinandergesetzt hat. Dabei trennen sich zuerst Körper, Geistkörper und Seele. Man kann sich das wie ein Fernrohr vorstellen, welches auseinandergezogen wird. Deswegen kann man kurzzeitig nichts wahrnehmen, sondern sieht nur einen langen Tunnel; aber dann erscheint am Ende Licht, der Tunnel wird durchschritten, und der Geist des Verstorbenen ist im Jenseits. Dabei begegnet er schon vor ihm gestorbenen Familienangehörigen (Ahnen) und anderen Lichtwesen, die man als Valkyren oder Engel bezeichnen kann. Das eigene Leben wird dem Verstorbenen dann vorgezeigt; er sieht es wie in einem Buche. Ich behandele das noch im letzten Kapitel.

Auch die durch Hypnose gefundenen Berichte aus früheren Leben haben uns Aufschlüsse über das Weiterleben des Todes gegeben. Aber auch die Religionen lehren, daß man nach dem Tode weiterlebt; und das tun eigentlich alle Religionen der Welt. Anzunehmen, daß sich alle Religionen der Welt hier irrten, daß alle entsprechenden Überlieferungen, Offenbarungen, Visionen falsch seien und daß lediglich die Wunschvorstellungen der Menschen zu solchen Überlieferungen geführt haben sollten, ist unlogisch. Rationalisten, die so etwas glauben, stellen sich gegen jede Wahrscheinlichkeit und weichen damit vom Kurs des Rationalisten ab, denn der sollte doch Phänomene, die eine sehr große Zahl von Menschen erlebt und überliefert hat, nicht einfach abtun, das wäre völlig unlogisch.

Ich gehörte einige Jahre einem spiritistischen Kreise in Berlin an, wo durch ein Medium Geistwesen Botschaften an die Zuhörer richteten. Das Medium, Frau Deuerlein, wohnte in der Leibnitzstraße, ist lange verstorben. Anhand der Mitteilungen, die auch auf Tonbändern mitgeschnitten wurden, konnte ich klar erkennen, daß hier tatsächlich ein Geistwesen sprach, denn es kam auch vor, daß es mich direkt meinte (ohne daß es die andern wußten), indem es Dinge aus meinem Leben erwähnte. Einmal waren meine Mutter und ich zu einer der Sitzungen gegangen und hatten noch einen jungen Mann, Serge, dabei, um ihm das einmal zu zeigen. Er gehörte eine esoterischen Gruppe („Orden vom goldenen Gral" oder so ähnlich) an. In dieser Sitzung nun erwähnte der Geist durch das Medium gerade den Gral, was auf Serge gemünzt war. Nie zuvor oder danach wurde der Gral erwähnt, und natürlich kannte das Medium den Serge nicht und wußte nichts von diesem Orden. Das war also ein weiterer, klarer Beweis, daß hier spirituelle Mächte am Werke waren. Obwohl Serge also hier eine gute Chance erhielt, ein neues Verständnis vom Gral zu bekommen und direkt angesprochen war, fruchtete dieser Vortrag eines Geistes bei ihm nicht; Serge machte sich hinterher eher darüber lustig.

Mir hat sich noch ein anderer Gedanke aufgedrängt, nämlich der eines Ausgleichs zwischen der Anzahl der Gestorbenen einer Familie und der Zahl der neugeborenen Kinder. Ja, ich denke manchmal, daß mit der Geburt eines Kindes zugleich die Konsequenz verbunden ist, daß ein anderer Verwandter dafür stirbt – eine Art Ausgleich also. Aber das wird wohl nur ein subjektiver Eindruck sein.

Wichtig aber ist die Erkenntnis: Die Toten sind nicht weg. Sie sind immer noch vorhanden, in einer andern Welt. Sie können uns besonders in der Zeit zwischen Winternacht (Halloween) und Fasnacht besuchen. Seit alters hat man sie auch bei den Festen gerufen und ihnen Speisen hingestellt. Man kann mit den Ahnen reden, und sie können uns auch helfen. Ich rede oft zu verstorbenen Ahnen und Freunden, bitte zuvor die jeweilige Gottheit, wo sich der Ahn jetzt befindet, darum, daß sie ihm erlaubt, zu mir zu kommen.

Bei den Bretonen heißt es:

> *»Tausendfaches Elend über den,*
> *welcher die Toten vergißt!*
> *Tausendfaches Elend über den,*

der seine Verwandten ohne Gebete läßt!
Tausendfaches Elend über den,
welcher die Seinen in den Flammen der Hölle schmachten läßt!
Ihn erschlagen die Nachtwäscherinnen mit dem Leichentuch.
Die Nachtwäscherinnen, die an den Flüssen und Quellen hocken.
Sie singen und waschen und wiederholen ihren traurigen Kehrreim:
Bis das Weltende kommt
müssen wir unsere Leichenwäsche waschen,
im Regen, im Schnee und im Winde.«

Der Tod kann uns jederzeit ereilen, daher sollte man unbedingt immer so leben, als wenn der gegenwärtige Tag der letzte Tag wäre. Nur spirituell sehr weit entwickelte Menschen haben eine ungefähere Ahnung davon, wann sie sterben werden. Alle anderen sollten wichtige Dinge, die sie erledigen wollen, nicht auf eine ungewisse ferne Zukunft verschieben.

Kapitel 6

Örlög

Zu der Lehre der Wiedergeburt kommt nun noch der Gedanke des Örlög. Örlög, altnordisch ørlǫg, ist ein dunkler Begriff aus der Edda für das Schickksal. Das Wort Örlög heißt ahd. urlac, mhd. urliuge, urlouge, as. orläg, holländisch oorlog. Man führt es zurück auf germ. uzlegan, uzlagan = auferlegen, das Auferlegte. Der Wortbestandteil „-lög" bedeutet „Gesetz", wörtlich „Niedergelegtes" (nämlich die niedergelegten Gesetze). Die Deutung als das Auferlegte trifft die Sache sehr gut, denn nach meiner Deutung ist Örlög die germanische Entsprechung für das, was wir aus dem Sanskrit als „Karma" kennen. Das ergibt sich daraus, daß es in der Völuspá 17 heißt, die gerade geschaffenen ersten Menschen seien noch „ørlǫg-lauss", örlög-los, also ohne Örlög. Unbestreitbar aber hatten sie ein Schicksal, also bezeichnet Örlög nicht das zukünftige Schicksal, sondern die Belastung aus einem früheren Dasein. Da die ersten Menschen aber noch nie auf der Erde lebten, hatten sie diese Belastung (im positiven wie negativen Sinne) noch nicht.

Umgekehrt aber bedeutet das, daß wir uns mit unserem jetzigen Leben das Örlög (Karma) des nächsten oder der nächsten Leben selbst schaffen. Die Auswirkungen unserer Taten, egal ob gut oder schlecht, werden auf uns irgendwann zurückfallen, wenn nicht schon in diesem Leben, dann in einem nächsten. Wenn wir also „Gutes tun", d. h. nach den Gesetzen und Regeln der Götter leben, dann erwerben wir uns ein gutes (positives) Örlög, begehen wir aber Missetaten, erwächst uns daraus ein böses (negatives) Örlög. Und da keine Tat von uns je aufgehoben (ungeschehen) gemacht werden kann – einmal ausgeführte Handlungen können ja nicht rückgängig gemacht werden – bleibt jedes Örlög ersteinmal bestehen. Aber wenn das positive Örlög überwiegt, fällt das negative Örlög nicht so ins Gewicht und wird erträglicher.

Positives Örlög führt zu Gesundheit, Lebensfreude, Glück, Erfolg, Reichtum usw., negatives Örlög aber bewirkt Schmerz, Leid, Krankheit, Mißbildung, Mißerfolg, Armut usw.

Ich gehe davon aus, daß die Folgen eines negativen Örlögs durch Sinneswandel gelöst werden können. Beispiel: Ein Vermieter drangsaliert seine Mieter, wirft einige aus ihren Wohnungen und bringt sie damit in große Not. Wenn er sein Denken in diesem Leben nicht ändert, wird er im nächsten Leben selbst vielleicht Mieter sein und unter einem entsprechenden Vermieter leiden, bis er begriffen hat, daß man so nicht handeln darf. Im dritten Leben wird er dann vielleicht wieder Vermieter und erneut in die Versuchung kommen, seine Mieter zu schikanieren. Widersteht er aber dieser Versuchung, ist das negative Örlög aufgelöst.

Aber er hätte schon im ersten Leben seine Fehler einsehen und sich mit den schikanierten Mietern einigen können, dann wäre ihm erst gar kein so starkes negatives Örlög entstanden.

Wir sind mit unserem Örlög aber nicht hilflos der Welt ausgesetzt. Wir wissen, daß man den Nornen (Schicksalsfrauen) nach der Geburt eines Kindes, zu den jährlichen Geburtstagen, zum neuen Jahre oder bei der Hochzeit geopfert hat. Die Opferspeise nach der Geburt heißt daher noch „Nornagreytir" (Nornengrütze). Wenn man also den Nornen opfert, geschieht das, um einen bestimmten Zweck zu erreichen. Und der besteht darin, daß die Nornen einem gnädig und wohlgesonnen sein mögen, damit man ein gutes Schicksal erhält. Es ist also offenbar doch nicht alles völlig unabänderlich vorherbestimmt. Das Dornröschen-Märchen lehrt uns, daß manchmal ein schlechtes Örlög (der Tod Dornröschens) nicht aufgehoben, sondern nur abgemildert werden kann (zum hundertjährigen Schlaf). Wer also erhofft, durch ein Nornenopfer sein negatives Örlög ganz loszuwerden, der irrt. Man kann wohl nur den Zeiger innerhalb der Bandbreite des eigenen Schicksals in Richtung der besseren Seite etwas verrücken, d. h. man bittet die Nornen, es zu tun – ob Sie das machen wollen, entscheiden Sie allein. Ich opfere zum Geburtstage den Nornen und am Berchtentage (heidnisches Neujahr). Auch wenn man die Nornen nicht sehen kann, sind sie doch da und können unseren Dank oder unsere Bitten vernehmen.

Mein Glaube, daß vieles vorherbestimmt ist durch unser Örlög und die Bestimmung der Götter, ist altheidnisch. Deswegen gehe ich mit dem Tode anders um als der normale, rationale Mensch. Ich versuche, in jedem Geschehnis einen höheren Sinn zu erkennen; was oft nicht gelingt, da wir Menschen ja nur eine begrenzte Sichtweise haben. Dazu nun einige Beispiele aus meinem Leben.

Vor etwa 40 Jahren wollte ich mit meinem Bruder eine Abenteuerreise nach Norwegen machen. Wir buchten dazu eine Kaffeefahrt nach Heiligenhafen an der Ostsee, die kostete nur 18 *DM*, verließen dann aber den Bus am Zielort und reisten per Anhalter weiter. Schließlich hielt ein VW-Bus an, in dem eine Familie saß. Sie nahmen uns mit bis zur Fähre, und diese bekamen wir dadurch auch noch frei. Als der VW-Bus bei uns angehalten hatte und wir unsere Rucksäcke verstaut hatten und eingestiegen waren, hörten und sahen wir aus der Ferne einen schlimmen Verkehrsunfall auf unserer Landstraße, etwa 500 Mtr. weiter. Der Vater, der den Bus fuhr, nahm gleich einen anderen Weg, da ja die Straße (wie man sehen konnte) durch den Unfall blockiert war. Uns allen, auch der Familie, wurde nun klar, wie das „Schicksal" es gefügt hatte: Normalerweise, sagte der Vater, nehmen sie gar keine Anhalter mit; er wußte selbst nicht, warum er diesmal eine Ausnahme gemacht hatte. Durch das Anhalten und Einsteigen aber wurde die Fahrt unterbrochen und damit verlangsamt, und der Bus der Familie kam nicht in den Unfall. Wäre er ohne anzuhalten weitergefahren, wären sie voll in den schweren Unfall gekracht und sicher schwer verletzt worden, vielleicht sogar getötet. Die Kinder wären vielleicht durch den Anblick der Unfallopfer schockiert gewesen, und außerdem hätte die Familie ihre Fähre wohl verpaßt. Der Familie war das Schicksal, in den Unfall zu gelangen, nicht bestimmt, und deswegen wurde sie davor geschützt. Gleichzeitig ergibt sich, daß es vorherbestimmt war, daß dort ein Unfall geschehen wird.

Einmal bekam ich Bauchweh und ging zum Arzt, was ich höchst selten tue. Der Arzt behandelte mein Bauchweh, hatte aber auch Blut abgenommen. So fand er heraus, daß ich Borrelien von einem Zeckenbiß im Blut hatte, und er konnte mich gegen Borreliose behandeln. Ich hätte diese Borrelien nie gefunden, wäre ich nicht wegen des Bauchwehs zum Arzt gegangen. Ich hatte zwar den Zeckenbiß mitbekommen, aber bin dann auch zu einem anderen Arzt gegangen, der mir 10 Tage Antibiotika verordnete. Das war aber zu kurz, der Arzt hatte offenbar einen Fehler gemacht, denn nach Zeckenbiß muß man mindestens 3 Wochen Antibiotika nehmen. Nur am Rande: Inzwischen gibt es Hinweise, daß auch die durch Zecken übertragene Lyme-Borreliose ihre Entstehung Versuchen der Militärs verdankt. Zwischen 1950 und 1975 soll das Pentagon damit experimentiert haben, ob sich Zecken und andere Insekten möglicherweise als Biowaffen einsetzen lassen, indem sie etwaige Feinde befallen und diese infizieren. Manipulierte Zecken des US-Verteidigungsministeriums kamen frei und infizieren die Menschen seitdem mit der Borreliose, derzeit gibt es geschätzt 300.000 Neu-Erkrankte jährlich allein in den USA. Das US-Repräsentantenhaus will diese Angelegenheit nun endlich offiziell klären lassen. Als ich ein Kind war, waren Zecken oder Borrelien gar kein Thema. Und man kann Borrelien auch durch die Pflanze Karde auf naturheilkundlicher Basis bekämpfen.

Vor zwei Jahren ging ich durch ein Moor; plötzlich hörte ich einen Schrei: Ich hatte offenbar ein Eichelhäher-Junges, welches still im Grase saß, getreten; es starb sofort. In dieses Moor gehe ich höchstens einmal im Jahre, und es ist sehr groß. Wie kann es sein, daß ich genau dieses eine Vogeljunge genau getroffen hatte? War das Zufall? Nein. Ich bin davon überzeugt, daß ich dahin geführt worden bin. Ich erfuhr von einem Fachmann, daß junge Eichelhäher oft aus dem Nest fallen und dann nicht mehr vom Boden wegkommen, da sie noch nicht fliegen können. Sie sitzen still im Grase und verhungern langsam, wenn sie nicht ein Raubtier findet und frißt. Mein Tottreten hat also diesem Vogeljungen das längere Leid des Verhungerns erspart. Dennoch haderte ich mit den Geistern des Schicksals, die es so gefügt hatten; ich will gerne ihre Weisungen erfüllen, aber sie sollen mich bitte nicht als ungewollte Hilfe für solche traurigen Geschehnisse einspannen.

In einer anderen Situation hatte ich wahrscheinlich falsch gehandelt: Ich sah auf der Straße einen Schmetterling zappeln, der konnte offenbar nicht mehr fliegen. Ich setzte ihn an einen Baum neben der Straße. Später fiel mir ein, daß ich ihm durch mein unüberlegtes „Gutmenschentum" nur seine Qual verlängert hatte, denn auf der Straße wäre er recht bald von irgendeinem Automobil überfahren und schnell getötet worden; am Baum am Rande aber muß er sich quälen. Ich hatte also in ein von den höheren Mächten geplantes Schmetterlingsende eingegriffen und damit den Plan verhindert.

Ich hoffe, daß er durch sein Zappeln und durch den Wind wieder auf die Fahrbahn gekommen ist und so den schnellen, schmerzlosen Tod durch Überfahren erhielt.

Derartige Ereignisse, die es noch weitere gibt, haben mir unmißverständlich gezeigt, daß alles einen Sinn hat, daß wir ihn nur oft nicht erkennen. Wenn ich einen Zug verpasse, dann vielleicht deswegen, weil er verunglückt, oder weil in ihm jemand ist, der Menschen angreift, mit Krankheit ansteckt oder nur jemand ist, den ich nicht treffen soll. Oder weil im Folgezug jemand ist, dem ich begegnen soll. Oft wird man nie erfahren, warum etwas geschieht, aber man muß sich darüber im Klaren sein, daß absolut nichts „zufällig" ohne höheren Sinn geschieht. Alles hat seinen Sinn und Zweck und darüber nachzudenken, welchen Sinn ein Geschehnis hat, hilft oft, es zu verstehen und die Fügung der höheren Mächte zu erkennen.

Eine ganz merkwürdige Begebenheit möchte ich noch anführen, denn die kann man mit „Zufall" nicht erklären. Meine Großtante Beate besuchte oft eine Freundin in Timmendorf. Eines Tages im Jahre 1963 oder 1964 brachte sie einen Langhaardackel-Welpen mit nach Berlin, den sie „Felinchen" nannte und uns schenkte. Sie hatte Felinchen sogar in ihrer Tasche im Flugzeug geschmuggelt. Felinchen aber erwies sich als zickig und nicht stubenrein. Obwohl unsere Familie immer Hunde gehabt hatte und eigentlich wußte, wie man einen Hund erzieht, gelang es meiner Großmutter nicht, Felinchen stubenrein zu bekommen (ich war damals erst 6 Jahre alt). So inserierte sie, um Felinchen loszuwerden. Wir Kinder sahen nur, daß Felinchen weg war und fragten nach. Es hatte sich ein Rentnerehepaar gemeldet, Richard Kaufmann und seine Frau, die dann den Hund bei meiner Großmutter abgeholt haben müssen, denn von Grunewald bis Reinickendorf zu fahren, hätte sie nie getan. Also war Felinchen weg und das Thema vorerst erledigt. Die Kaufmanns waren als Rentner aus dem Osten gekommen und hatten eine Ziehtochter. Diese aber bekam im Alter von 24 Jahren (1968) eine Tochter, Catrin. So wurde Felinchen der Hund in Catrins Familie, doch hieß sie hier nun „Feline", schließlich war sie ja nun groß. Catrin aber lernte ich 1992 kennen, und sie wurde meine Ehefrau. Daß wir beide denselben Hund gehabt hatten, der uns vielleicht irgendwie auch magisch zusammengebracht hatte, finde ich angesichts von damals etwa 3 Millionen Einwohnern in Berlin schon einen sehr merkwürdigen Zufall. Feline war weiterhin etwas schwierig, biß auch mal und war eifersüchtig. Aber das gab sich dann irgendwann, sie bekam sogar Junge. Daß Felinchen mit Feline identisch ist, ergibt sich aus den Angaben meiner Großmutter und dem Vergleich der Photos. War also Feline/Felinchen unsere tierische Ehestifterin? Hat sie uns irgendwie auf eine ähnliche Kraftschwingung gebracht? Wer weiß.

Bei Naturkatastrophen hadern die Menschen mit Gott und der Welt, ein höherer Sinn erscheint ihnen nicht vorzuliegen. Tatsächlich aber sind wir auf der Erde, um zu lernen, um uns weiterzuentwickeln, um uns zu veredeln. Und wenn schlimme Schicksalsschläge geschehen, gibt es für Menschen viele Möglichkeiten, zu helfen, sich zu bewähren. Es heißt sogar, daß in solchen Situationen die spirituelle Entwicklung der Menschheit schneller vorangehe.

Als die Krankheit AIDS auf der Bildfläche erschien, waren zuerst hauptsächlich Drogensüchtige und Homosexuelle davon betroffen. Ich hatte einen Klassenkameraden, der homosexuell war und in seinem Bekanntenkreis viele entsprechende Kontakte hatte. Wenn er mir von einem AIDS-Infizierten oder an AIDS Verstorbenen aus diesem Bekanntenkreis erzählte, fragte ich ihn aus, wie der Betreffende gelebt hatte. In allen Fällen handelte es sich um Männer, bei denen keinerlei spirituelle Entwicklung zu erkennen war, die also in den Tag hinein lebten, sich mit wechselnden Partnern amüsierten und im materialistischen Mainstream dahintrieben. Leben also, bei denen keine nennenswerten Weiterentwicklungen mehr zu erkennen waren. Meine Schlußfolgerung war und ist nun, daß Menschen, die völlig unnütz auf der Erde leben, die in der Entwicklung stehengeblieben sind, dann auch abberufen werden können – warum sollten sie ihren Stillstand weiterhin ausleben dürfen? Wenn man in der Schule eine Klassenarbeit schreibt und nur vor einem leeren Blatt herumsitzt, statt die Aufgaben zu lösen, kann man eben auch gleich aufstehen und den Zettel leer abgeben, statt da noch eine oder zwei Stunden im Klassenraum herumzusitzen. So ist es offenbar auch im Leben. Solange man auf dem Wege bleibt und ihn – schnell oder langsam – geht, so lange ist das Leben sinnvoll und wird erhalten. Bleibt man stehen, dann kann es passieren, daß man durch einen Schicksalsschlag wieder wachgerufen oder – wenn auch das nicht hilft – abberufen wird.

Somit können die Götter eine ursprüngliche Bestimmung durchaus verändern, ein sinnloses Dasein verkürzen oder ein erfolgreiches Leben verlängern, wie es Wodan mit einem schwedischen König Aun tat (Ynglingssaga 25). Auch in der Bibel sind Stellen vorhanden, wo Gott das Leben verkürzt oder verlängert, so in 2. Kön. 20, 6; Psalm 55, 23; Sprüche 10, 27; Jerem. 28, 16 und Hesek. 22, 4.

Die Stunde des Todes ist bestimmt, die Art des Todes aber nicht.

Jeder hat eine andere, individuelle Aufgabe im Leben, die des einen mag schwerer, des anderen leichter sein. Es heißt, daß wir uns unsere Aufgabe vor der Inkarnation (also vor der Geburt im Jenseits) auch selbst gestellt haben. Wenn wir uns auf der Welt optimal selbstverwirklichen, also das tun, was uns interessiert, unabhängig von Forderungen der Gesellschaft oder von durch die Werbung eingeredeter Wünsche, dann sind wir in der Regel auf dem richtigen Wege. Wenn wir aber etwas tun, was uns nicht entspricht, nicht zu unserer Aufgabe gehört, dann ist das meist der falsche Weg. Wir haben dann auf unser Inneres nicht gehört und uns nicht selbst verwirklicht, sondern Dinge verwirklicht, die wir nicht verwirklichen sollten.

Neben dem individuellen Schicksal (Örlög) des Einzelnen gibt es auch das Schicksal von Städten, Ländern oder Völkern, was sich u. a. auch aus der Summe der Einzelschicksale bildet. In einem Land mit vielen Verbrechern, die entsprechend schlechtes Örlög haben, wird auch das eigene Schicksal negativ beeinflußt, »mitgefangen — mitgehangen«.

Bei mir ist der Gedanke, daß es immer auch einen Ausgleich gibt, auch vorhanden, doch konnte ich ihn bisher weder verifizieren, noch verwerfen. Angenommen, ein bestimmter Mensch hat ein bestimmtes Örlög, wonach er zwar in Gesundheit sein Leben leben kann, aber er wird nicht reich werden. Nun spielt dieser Mensch Lotto oder hat einen erfolgreichen Schlager komponiert und erhält nun unerwartet viel Geld; das lag nicht in seinem Örlög und war ihm nicht vom Schicksal beschieden. Nun geschieht es, daß dieses nichtbestimmte Glück durch sein Örlög ausgeglichen wird. Ihm wird vielleicht durch irgendwelche Umstände das Geld genommen, oder er erleidet nun eine schlimme Krankheit. Wenn wir uns die Karrieren von berühmt gewordenen Stars ansehen, dann finden wir oft solche plötzlichen Schicksalsschläge und haben dann sogar Mitleid: Der Sänger hat so viele Millionen, aber ist unheilbar von einer Krankheit geschlagen. Es gibt auch Prominente, die nicht von Schicksalsschlägen getroffen wurden; ihnen waren also Ruhm und Reichtum vorherbestimmt. Mit diesem Wissen wird unser Streben nach Reichtum vielleich ein wenig relativiert, denn das, was wir uns erhoffen (Ruhm, Glück, Freude, ein sorgloses Leben) erhalten wir nur, wenn es uns bestimmt ist. Wir erhalten es auch dann, wenn wir uns nicht um Ruhm und Reichtum bemühen. Wenn es uns nicht bestimmt ist, dann könnten wir immerhin versuchen, durch entsprechendes Handeln unser Örlög so zu verbessern, daß wir trotzdem von Schicksalsschlägen verschont sind. Ich habe den Verdacht, daß einige Superreiche das auch so sehen und hohe Beträge an gemeinnützige Organisationen spenden, um so das Örlög positiv zu verändern.

Es gibt übrigens verschiedene Überlieferungen dazu, wie die Zeitspannen zwischen den einzelnen Inkarnationen sind. Manche behaupten, es seien 144 (12 x 12) Jahre, die Inder lehren, daß wir aus unsern Alteltern (Ur-Urgroßeltern) stammen, und zwar machen sie das astrologisch fest: Das erste Haus im Horoskop ist man selbst, das 4. Haus sind die Eltern, das 7. Haus die Großeltern und das 10. Haus die Ur-Großeltern. Das 13. Haus der Alteltern entspricht nun aber wieder dem 1. Haus und damit dem Haus, was einen selbst bezeichnet. Wir stammen also je nachdem ob wir männlich oder weiblich sind aus der Menge unserer 8 männlichen oder 8 weiblichen Alteltern (100 bis 120 Jahre zurückliegend). Wenn man Familienforschung betreibt und deren Leben kennt, kann man vielleicht sogar erahnen, welche oder welcher der Alteltern man selbst war.
Dann gibt es Überlieferungen, wonach erst dann eine Wiederverkörperung erfolgt, wenn ein fast genauer Sternenstand ist, der dem vom Tode des früheren Lebens (oder der Geburt) entspricht. Allerdings stehen die Sterne nie genau gleich. Aber einige lehren auch, daß es keine festen Zeiten gibt, sondern daß es ganz individuell ist. So sollen sich schon Verstorbene aus dem zweiten Weltkrieg inzwischen neu inkarniert haben.

Und auch zur Freiwilligkeit hört man verschiedenes: Niedere Seelen werden danach quasi gezwungen, sich in einer bestimmten Familie zu inkarnieren, wo die Umstände nicht so gut sind. Hochentwickelte Seelen dagegen dürfen sowohl Zeit, als auch Ort ihres nächsten Lebens selbst wählen. Und man behält in der Regel sein Geschlecht und sein Volk und seine Sippe bei. Letzteres aber scheint inzwischen nicht mehr so zu sein, wenn man sich die unter Hypnose erfragten Berichte von früheren Leben ansieht. Sippen haben heute weniger Bedeutung bei uns Menschen, somit interessieren sich die Seelen im Jenseits offenbar auch nicht mehr so dafür, wie einst zur Zeit unserer Vorfahren.

Noch etwas zu Leid, Krankheit, Mißerfolg usw. In unserer Welt existiert das Gute nur dadurch, daß es auch das Böse gibt. Der Tag wäre nicht erfahrbar, gäbe es nicht die Nacht. Wenn es immer Tag wäre, wäre das der Normalzustand, und wir hätten gar kein Wort für „Tag", weil er für uns gar nicht existieren würde. Erst wenn der Zustand sich ändert, merken wir, was wir zuvor hatten. Erst wenn die Nacht kommt, können wir den Tag würdigen und erkennen. Umgekehrt die Nacht auch. So gibt uns dieser Wechsel der Gegensätze Erkenntnisse und auch Ziele: Wenn es Nacht ist, können wir uns auf den nächsten Tag freuen; wenn es Tag ist, können wir von der Ruhe der Nacht träumen. Beides würde also allein gar nicht existieren. Und deswegen braucht es Krankheiten, weil sonst die Gesundheit für uns nicht faßbar wäre; es braucht Mißerfolg, sonst könnten wir uns nie über Erfolg freuen. Ja, es braucht Leid, damit es Freude gibt. Ohne das Negative existierte auch das Positive nicht und wäre die Welt furchtbar langweilig. Wir könnten uns nicht zwischen zwei Polen positionieren, wir hätten kein Ziel und keinen Ausgangspunkt, keine Lernmöglichkeit, kein positives oder negatives Vorbild. Deswegen ist die christliche ewige Seligkeit identisch mit einer ewigen Hölle; es wäre ein Zustand des Stillstandes, wo es keine Hoffnung auf Änderung oder Entwicklung gibt.

Im alten Christentum gab es ja den Glauben an einen Engelssturz, der in der Anfangszeit im Himmel stattgefunden hatte. Satan rebellierte gegen Christus und wollte selbst König sein, wurde dann aber von himmlischen Heerscharen unter Michaels Leitung aus dem Himmel vertrieben. Er und die Seinen fielen auf die Erde und in die Unterwelt. Nun versuchen seine ehemaligen Anhänger, nämlich wir, durch die verschiedenen Leben auf der Erde wieder zur Harmonie zurückzufinden, damit wir wieder in den Himmel gelangen können. Satan und seine Getreuen versuchen, das zu verhindern.

Der Engelssturz wird z. B. im altsächsischen Heliand erzählt. Ich glaube, daß diesem Mythos der Mythos von Saturn zugrunde liegt: Saturn als Himmelsherrscher wurde von seinem Sohn Zeus gestürzt und fiel auf die Erde, wo er den Menschen den Ackerbau beibrachte und das goldene Zeitalter begründete. Saturn entspricht also Satan, und Saturn ist in der Astrologie das große Unglück.

Ich bin davon überzeugt, daß unser spiritueller Entwicklungsweg mit einem Kometen wie dem Halleyschen zu vergleichen ist: Wir sind irgendwo im dunklen Weltall und sind auf dem Wege zum Licht (zu den Göttern). Wenn wir diesen Weg gegangen sind, sind wir also bei den Göttern wie der Halley, wenn er um die Sonne kurvt. Aber dann wollen wir wieder auf den Weg gehen, neue Erkenntnisse gewinnen und gehen aus der Götterwelt in Richtung des Dunkels, wie Wodan, als Er vom Weltbaum niedersank oder zu der Völva (Seherin) des Totenreiches reiste. So wäre unsere Entwicklung ein ständiger Wechsel der Richtung, Zum Licht und vom Lichte, wobei wir immer neue Erkenntnisse gewinnen und Erfahrungen machen.

Leben ist also Bewegung, wie wir sie ja bis in die kleinsten Teile feststellen, wenn sich die Moleküle bewegen oder die Elektronen. Stillstand ist kein Leben mehr. Wer seinen Weg geht, der lebt; wer stehenbleibt, der lebt nicht und wird sterben.

Kapitel 7

Gute Geister

Im Heidentum kennt man den Glauben an Geistwesen verschiedener Art. In der Natur finden wir die sog. Naturgeister, also die, welche in unseren Volksüberlieferungen Elfen (Alben), Schrate, Mare, Gnome, Kobolde, Zwerge usw. genannt werden. Da gibt es unterschiedliche Arten: Lichtalfen sind die schönsten und lichtesten der kleinen Wesenheiten, die zum Teil wohl unseren Elfen aus der Zeit der Romantik entsprechen, wo man sie sich mit Libellenflügeln vorstellte. Sie sind gut und bewirken Gutes, tanzen im Mondenschein oder sitzen auf Blumen. Sie sind für die Seelen der Pflanzen und das Wachstum zuständig. Dann die Schwarzalfen; das sind kleine Geistwesen der Erde, die auf und unter der Erde wirken und für Saat und Gedeihen zuständig sind. Man hat sie eher negativ gesehen, da sie oft auch dem Menschen Unheil bringen können. Sie entsprechen den Zwergen. Zwischen diesen beiden Gruppen (Lichtalfen und Schwarzalfen) stehen die Dunkelalfen. Unsere Vorfahren haben diesen Geistwesen regelmäßig geopfert, indem sie Gaben hinstellten. Es heißt, sie hausen in Steinen und Höhlen.

Für uns interessanter sind aber diejenigen Geistwesen, die menschengestaltig sind. Ich habe dafür den Begriff Idisen (altnord. dísir) verwendet, obwohl mir bewußt ist, daß die Idisen in den Überlieferungen weiblich erscheinen. Also könnte man diese Geistwesen auch Holde nennen (im Gegensatz zu bösen Geistern, Unholde), doch zuweilen versteht man unter den Holden auch nur kleine Naturgeister. Also bleibt mir nur, den Begriff Idisen weiterhin zu verwenden, aber männlich und weiblich zu verstehen.

Der Name Idisen (dísir) ist Mehrzahl, Einzahl ist Idise (dís). In der späteren Zeit scheint „dís" nur „Frau" (altsäch. idis) bedeutet zu haben und kommt in Eigennamen (z. B. Thordis) vor, was ich als jüngere Ableitung ansehe. Eher scheint mir eine Verbindung zu den indischen dhiśanas und devas wahrscheinlich. Grundwort ist indogerm. *dhei „saugen, säugen, stillen", und man übersetzt Idisen mit „Göttinnen". Die Idisen sind nicht immer nur gut, es gibt auch böse Idisen, die in der Edda „tálar dísir" (Reginsmál 24) genannt werden.

Zu den Geistwesen gehören sowohl Verstorbene, als auch Wesen, die nicht auf der Erde gelebt hatten; das Christentum nennt sie „Engel" („Boten").

Wir sind fast immer von Geistwesen umgeben, auch dann, wenn wir glauben, allein zu sein. Dieser Gedanke ist wichtig, denn man handelt anders, wenn man weiß, daß man von Geistwesen umgeben ist und beobachtet wird.

Nehmen wir z. B. einen Mörder: Er ermordet sein Opfer und beraubt es und glaubt, wenn er seine Spuren nur gut genug verwischt, daß ihn die Polizei nicht finden wird. Aus heidnischer Sicht ist diese Vorstellung schlichtweg naiv, denn die den Täter umgebenden Geistwesen haben seinen Mord gesehen. Der Geist des Opfers ist aus dem toten Körper gewichen, und auch er sah den Mörder oder sieht ihn spätestens nach seinem Tode als Geist. Was wird passieren? Natürlich wird der Geist des Ermordeten alles tun, damit seine eigene Ermordung als Mensch von den Behörden aufgeklärt wird.

Der Mörder hat sich mit der Ermordung also einen unsichtbaren Gegner geschaffen, gegen den er eigentlich keine Chance hat, denn der Gegner ist als Geist unsterblich, kann die Gedanken des Mörders sehen und ist trotzdem dem Mörder unsichtbar. So etwas muß früher oder später dazu führen, daß der Mord aufgeklärt wird. Derzeit liegt die Aufklärungsquote für Mord bei 97,6 % aller Fälle. Aber auch in den 2,4 % der Fälle, die nicht aufgeklärt werden, geht der Täter nicht straffrei aus. Der Geist des Toten wird ihm Unglück, Krankheiten, Schwierigkeiten bescheren, und vielleicht kann er sogar die Schicksalsmächte dazu bringen, daß der Mörder früher stirbt, als ursprünglich beschieden. Und natürlich wird der Geist eines Mörders im Totenreich auch noch bestraft; dieser Gedanke ist in allen Religionen der Welt Glaubensbestandteil.

Weiterhin gibt es die sog. Fylgien, also „Folgegeister"; vergleichbar mit den „Schutzengeln" des Christentums. Jeder Mensch hat mindestens einen Folgegeist, Menschen, die gefährliche Aufgaben erledigen, haben sogar mehrere. Im Heidentum gibt es auch den Glauben, daß verstorbene Verwandte zu Schutzgeistern werden können; das war zumindest früher so, als es weniger Menschen gab und der Sippenzusammenhalt noch stärker war. Wer sich heute aber schon auf der Erde nicht für seine Familie und Sippe interessiert, der hat natürlich auch nach seinem Tode kein Interesse, irgendein Familienmitglied als Geist zu schützen.

Es ist heidnischer Glaube (auch bei den heidnischen Griechen), daß Idisen auch die Verbindung zu den Göttern herstellen, daß sie also sozusagen zwischen Gottheiten und Menschen vermitteln. Denn es wäre doch etwas naiv zu glauben, daß etwa zum Mittsommerfest die Gottheiten als unsichtbare Gäste gleichzeitig in jedem Heiligtume, wo Sie verehrt werden, erscheinen. Das würde bedeuten, daß Sie sich in viele Personen oder Wesen teilen müßten. Eher ist es so, daß Sie aus Ihrem Reich herabsehen und Idisen schicken, um Gaben und Bitten entgegenzunehmen.

Wenn wir also wissen, daß wir praktisch nie allein sind, daß immer Geistwesen um uns herum sind, dann verhalten wir uns anders. Ich z. B. rede oft zu den Geistwesen im Gebet, erfuhr durch ein sog. „Tischrücken" sogar den Namen meiner Fylgie. Es war eine Interessentin für das Heidentum aus Berlin-Kreuzberg, die mich einlud und mit mir das Tischrücken veranstaltete. Ein kleines Tischchen mit drei Füßen, deren einer ein Bleistift ist, steht auf einem großen Blatt Papier auf einem normalen Tisch. Man legt seine Hände auf dieses Tischchen und stellt die Frage, dann fängt es an, sich zu verrücken und der Bleistift schreibt die Antwort.

Ich bin bei solchen Zeremonien immer kritisch und weiß nicht, ob die Frau nicht geschummelt hatte und selbst das Tischchen absichtlich schob, daß also im wahrsten Sinne des Wortes „Schiebung" vorlag. Den Namen habe ich daher nur mit dem entsprechenden Fragezeichen angenommen und nutze ihn trotzdem, wenn ich meinen Folgegeist ansprechen will. Mein Folgegeist weiß ja, wie ich auf den Namen gekommen bin und in welchem Sinne ich ihn verwende und kann daher auf meine Verwendung reagieren, auch wenn es nicht sein/ihr richtiger Name sein sollte.

In allen Notsituationen ist es immer gegeben, den eigenen Folgegeist um Hilfe zu bitten; aber auch, ihm zu danken. Wenn man bedenkt, wie aufwendig und umständlich, aber auch erniedrigend es für einen Geist sein muß, jeden Tag eine bestimmte Person zu bewachen, die nicht an ihn glaubt und nie zu ihm spricht, dann kann man ermessen, wieviel Dank wir unsern Folgegeistern schulden. Das haben schon unsere Vorfahren gewußt und haben daher den Geistwesen allgemein an zwei Jahresfesten besonders geopfert, nämlich zu „Winternacht" (Halloween) und zu Fasnacht. Aber auch an anderen Festen gedachte man und gedenkt der Ahnengeister, so z. B. zum Julfest (Weihnachten). Dieses Fest dauert 12 Tage und beginnt mit der Wintersonnenwende. Der Glaube herrscht, daß in dieser Zeit die Geister der Ahnen zu ihren Nachkommen auf die Erde gehen. Man bereitet alles vor, stellt Schalen mit Opfergaben hin (die inzwischen zu den bekannten „bunten Tellern" geworden sind) und schmückt das Haus. Früher bezog man sogar die Betten neu und schlief selbst in dieser Zeit auf Stroh auf dem Boden: Den Ahnengeistern bot man also die bequemen Betten an. Das ist natürlich nur eine Geste, denn Geistwesen brauchen ja keinen Schlaf. Ich denke, das hat auch nur dort einen Sinn, wo die eigene Familie seit Jahrhunderten im selben Hause wohnt; unsere Häuser gehören ja nur nominell uns als heutige Menschen; in Wahrheit wurde so ein Haus von Vorfahren errichtet und wir werden es wieder verlassen müssen, und unsere Nachkommen werden es dann bewohnen. Wir sind also nur zeitweilige Nutzer, genauso wie frühere oder spätere Generationen. Und alle hatten dieses Haus einst bewohnt und als ihr Eigentum angesehen. Deswegen haben auch sie ein Recht, zuweilen hierher zurückzukehren, und wir sollten ihnen dies gestatten und uns bewußt sein, daß wir nur Gäste auf Zeit (unsere Lebenszeit) sind.

Ich wende mich in der Julzeit also ganz bewußt an meine Ahnen; da diese aber in dem Haus, wo ich heute lebe (es wurde 1860 erbaut an Stelle eines Vorläufergebäudes), nie lebten, gedenke ich auch der Geister derjenigen Menschen, die hier einst gelebt hatten. Ziel ist es, mit allen in Harmonie zu gelangen, ihnen ihre Rechte nicht streitig zu machen.

Die Verbindung zu unsern Ahnen geschieht durch Gebet und unsere Gedanken. Ein nur aufgesagtes Gebet ist nichts wert, wenn unsere Gedanken es nicht forttragen.

Nach heidnischem Glauben bleibt der Geist eines Verstorbenen noch 40 Tage nach seinem Tode auf der Erde und kehrt auch zu bestimmten Zeiten später kurzzeitig zurück. Diese Tage können wir nutzen, um uns mit dem Toten gedanklich zu verbinden und ihm alles Gute für seinen weiteren Weg im Jenseits zu wünschen.

Heute aber kommt noch etwas hinzu: Materialistische Menschen, die sterben, haben auch als Geistwesen noch oft dieselbe Einstellung, wie zu Lebzeiten. Ihnen ist nicht klar, daß sie gestorben sind; sie gehen nicht den Weg, den ihnen ihre Folgegeister nahelegen, sondern sie geistern weiterhin auf der Erde herum. Wir sprechen von uneingereihten Geistwesen; diese sind nicht böse, auch nicht unbedingt gut, sondern neutral, wie sie eben zu Lebzeiten waren. Aber irgendwann merken auch sie endlich, daß irgendetwas anders ist, daß sie von ihren Angehörigen nicht wahrgenommen werden können, daß sie Materie durchdringen können usw. Sie fangen dann an, danach zu suchen, mehr zu erfahren und hängen sich an lebende Menschen an, versuchen, diese zu beeinflussen. Gelingt es ihnen, einen Menschen zu finden, der etwas medial ist, dann können sie ihm ziemliche Schwierigkeiten bereiten; er kann sie sehen und erschrecken, er kann vielleicht „Stimmen" hören, also die Stimme des Verstorbenen usw. Zuweilen landet ein derartig beeinflußter Mensch in einem Irrenhaus, und da für Ärzte Geister nicht existieren, „Stimmen" also nur vom Patienten selbst stammen können, wird dieser nun mit Medikamenten ruhiggestellt, was ihn aber in Wahrheit nur labiler und anfälliger für diese Stimmen macht. Ich befürchte, daß in unseren Irrenanstalten sehr viele leicht hellsichtige oder hellhörige Menschen sitzen, die von Geistwesen belästigt werden.

Mein frühere Religionslehrerin Barbara Psille war hellsichig und hat Menschen geholfen, die Stimmen hörten oder zuweilen Verstorbene sahen und damit nicht klarkamen (es wirft ja das ganze materialistische Weltbild um, wenn man erfährt, daß es ein Weiterleben nach dem Tode usw. gibt). Frau Psille mußte dann aber mit der Therapie der von Geistwesen belästigten Menschen aufhören, denn die Geistwesen sammelten sich bei Frau Psille im Hause. Sie erlebten ja zum ersten Male nach ihrem Tod als Menschen, daß jemand sie ansprach, ihnen etwas erklärte usw. Davon wollten sie mehr, doch konnte Frau Psille die Menge der uneingereihten Geister bei sich nicht mehr ertragen.

Was kann man für Menschen, die unter Geistwesen leiden, tun? Man muß sich an die Geistwesen direkt wenden, auch wenn man sie nicht sieht. Man muß ihnen klarmachen, daß sie gestorben sind, daß sie sich von der Erde fortbegeben müssen und ihren ihnen bestimmten Weg im Jenseits gehen sollten, daß sie hier auf der Erde nicht mehr sein dürfen und daß sie ihr Örlög belasten, wenn sie Menschen beeinflussen und erschrecken. Unsere Vorfahren hielten zur Bannung von Geistwesen im oder vor dem Hause ein „Hausthing" ab, versammelten sich dort, riefen auch die spukenden Geistwesen und verhandelten nun in dieser Sache. Der belästige Mensch trug vor, was der Geist ihm angetan hatte; dem Geist wurde eingeräumt, sich zu verteidigen (was er in der Regel nicht tat) und am Ende wurde das Urteil (Verbannung vom Hause, Ächtung) von den Beteiligten gesprochen. Ein heidnischer Geist in heidnischer Zeit hat so eine Entscheidung sicher akzeptiert, ob es aber heute noch funktioniert, weiß ich nicht.

Eine Freundin meiner Mutter, Joyce Wegener, hörte auch immer Stimmen, was sogar zu Alkoholismus bei ihr führte. Sie war eine Schwarze aus Südafrika, hatte aber einen Mann der Kriminalpolizei aus Berlin geheiratet, und sie wohnten in Berlin-Schöneberg. Von ihm kenne ich nur den Spitznamen Chris. Durch unsere Bekanntschaft mit Joyce konnten wir einiges selbst erfahren. Wir rieten natürlich zuerst, in eine Kirche zu gehen; und tatsächlich hörten die „Stimmen" dort auf. Doch sobald Joyce die Kirche verließ, fingen die Stimmen wieder an. Damit sind wir also nicht weitergekommen. Irgendwann fanden wir einen afrikanischen Marabu, einen freischaffenden Magier. Der hilft derart Leidenden, wenn man ihn dafür bezahlt. Er brauchte für sein Ritual bestimmte Pflanzen aus Afrika, die es bei uns nicht gab. Er nahm also Ersatzpflanzen aus unserer Region. Außerdem sollte Joyce für das Ritual zwei Dosen Kondensmilch beschaffen. Die kauften Joyce und ihr Mann bei Aldi, und der Ehemann war auch beim Ritual dabei. Der Marabu legte seine Utensilien auf den Boden im Zimmer des Ehepaares, Joyce stellte ihre Milchdosen hin. Der Marabu und Joyce waren auf dem Boden auf allen Vieren, und der Marabu deckte ein Tuch über sie und begann sein Ritual. Nach einer gewissen Zeit sollte der Ehemann die Dosen öffnen. Aus dem Dosen kam aber nun keine Kondensmilch, sondern eine durchsichtige, etwas dickliche Flüssigkeit. Dies war für den Marabu das Zeichen der Geister, daß sie in diesem Falle helfen könnten. Die Dosen waren verschlossen und konnten unter dem Tuche nicht vertauscht werden (der Marabu konnte gar nicht wissen, welche Marke wo gekauft worden war; er hätte also im Falle eines Betruges sämtliche üblichen Konservendosen-Marken und -Größen heimlich mitführen müssen).

Der Marabu schaffte es, die „Stimmen" wegzubekommen, doch wurde er irgendwann aus Deutschland ausgewiesen, und die Stimmen kamen wieder. Ich habe das dann aus den Augen verloren; es wurden wohl noch andere afrikanische Magier bemüht, und es kam heraus, daß jemand aus dem Dorf, wo Joyce herkam, nicht mit der Heirat mit einem Weißen einverstanden war und einen Zauber bestellt hatte. Zuletzt trennte sich der rational denkende Ehemann doch noch von Joyce, und diese wurde entmündigt und unter die Munt (Vormundschaft) einer Rechtsanwältin gestellt.

Auch Naturgeister (Alben, Zwerge) sind reale Wesen. Eine Bekannte, Frau Engel aus Berlin, sah einst in ihrem Garten einen derartigen Geist regelmäßig bei ihrer Birke. Eines Tages war er verschwunden. Sie forschte nach, was der Grund sein könnte. Sie hatte einen Besuch empfangen, und seit diesem Besuch war der Geist nicht mehr zu sehen. Sie fragte also den Mann, der sie besucht hatte und erfuhr, daß der sein Geschäft im Garten verrichtet hatte, während die Frau in der Küche Kaffee machte. Durch die Verunreinigung mit Urin war der Geist vertrieben worden.

Am 25. 8. 1999 war ich mit meiner Frau Catrin in der Brautrummel, einem Trockental hier in unserer Gegend. In der Mitte der Rummel befindet sich an der Nordseite ein Sandsteinfelsen, der von seiner Art her hier in der Gegend ungewöhnlich und selten ist. Da die Brautrummel auch eine heidnische Kultstätte gewesen ist, was ich aus den erhaltenen Sagen erkannte, haben wir an dem Felsen geräuchert und Gaben (Getreide und Bier) als Opfer für Frowa und Donar niedergelegt. Da hörten wir lachende Kinderstimmen und befürchteten, mit unserem Kult von andern Besuchern entdeckt zu werden. Wir suchten die Kinder, von denen die Stimmen gekommen waren, aber die ganze Rummel war völlig menschenleer. Wir hatten also Zwergengelächter gehört.

Grund unseres Besuches war der, daß hier eine fanatische Christengemeinde (die „Junge Gemeinde") am 27. 8. 1999 eine Messe unter freiem Himmel abhalten wollte, was uns gestört hat. Christen sollen in ihren Kirchen feiern und heidnische Kultstätten in Ruhe lassen. Ich habe mich auch beim zuständigen Pfarrer beschwert. Als die Christen dann dennnoch feiern wollten, gab es ein verheerendes Gewitter, welches die Feier gehörig verhinderte.
Zwar bin ich der Meinung, daß es besser ist, die „falsche" Religion zu haben, wenn sie dazu führt, daß der Mensch ethisch gut handelt,

aber es ist natürlich auch Tatsache, daß jeder Kult eine bestimmte Kraft erzeugt, aufbaut oder verstärkt. Der Christenkult würde die in der heidnischen Kultstätte vorhandene Kraft negativ verändern, was unbedingt verhindert werden sollte.

Die Sagen der Brautrummel habe ich in meinem Buch Kultstätten im Fläming (Treuenbrietzen 2015) S. 114f zitiert. Danach handelt es sich um eine Kultstätte des Frühjahrs, in der die Göttin Ostara und der Gott Donar verehrt wurden; deswegen war es auch ein verheerendes Gewitter, welches die Christen dort vertrieb.

Kapitel 8

Unholde

Genauso wie es gute Geistwesen gibt, gibt es leider auch böse Geister, die man „Unholde" nennt. Heutzutage trifft der Ausdruck „Dämonen" die Sache wahrscheinlich noch genauer.

Wir sind nicht nur von guten Geistern umgeben, sondern auch von bösen. Bevor ich mehr über die Abwehr derselben schreibe, etwas zur grundsätzlichen Frage: Was wollen sie, und warum sind sie böse?

Werte wie „gut" und „böse" sind relativ. Der Dieb, der mich bestiehlt, begeht eine böse Handlung, ist in meinen Augen „böse"; doch wenn er mit dem Diebesgut seine verhungernden Kinder rettet, dann war die Tat in seinen Augen „gut". Es kommt also auf den Blickwinkel an.

Oft sind böse Geister die Geister von Menschen, die schon als Mensch böse waren. Sie sind im Jenseits böse geblieben und gehen bewußt nicht den Weg, den sie gehen sollten, weil dies ein Weg der Läuterung ist, der ihnen zu schwer erscheint. Oft handelt es sich um Verstorbene, die z. B. Süchten verfallen waren, die also Kettenraucher, Alkoholiker oder Drogensüchtige waren. Die körperliche Abhängigkeit von Drogen hat sich bei ihnen auch in ihrem Geist verfestigt, d. h., obwohl sie keinen süchtigen Körper mehr als Geistwesen haben, sind sie mental immer noch süchtig. Deswegen bleiben sie auf der Erde und suchen die Nähe von entsprechend süchtigen Menschen. Sie können sich selbst ja keine Drogen kaufen, aber sie können sich z. B. an einen Cigarettenraucher anhängen, um so das Od des Cigarettenrauches, also dessen Geruch, weiterhin genießen zu können. Sie können sich unter Alkoholiker begeben, um so den Geruch des Alkohols weiterhin genießen zu können. Gleichzeitig wollen sie natürlich irgendeine Möglichkeit haben, auf der Erde handeln zu können. Das geht als Geistwesen nur, wenn sie das, was sie wollen, einem labilen Menschen einflüstern, und er macht es dann für sie. Ideal wäre für sie, wenn sie einen Menschen finden können, der so labil und geschwächt ist, daß es ihnen gelingt, dessen Geist aus dem Körper zu drängen und selbst von dem Körper Besitz zu nehmen. Das ist aber wohl eher selten und oft auch nicht von Dauer. Sobald der labile Mensch sich gestärkt hat, kann sein Geist wieder zurückkehren und den Schmarotzer verdrängen. Unsere Vorfahren sprachen von „Aufhockern", und zahlreiche Aufhocker-Sagen sind erhalten.

Es gibt in unseren Überlieferungen noch zahlreiche weitere Erklärungen für solche Geister: Es sind die Geister von Menschen, die eine ungesühnte Schuld mit ins Jenseits hinübergenommen haben und nun jahrelang Buße leisten müssen. Darunter gibt es Kinder, die Almosen unterschlagen haben; die aneinander gekoppelten Geister zweier Eheleute wimmern über ihr Unglück. Der Geist eines Heudiebes muß umgehen; Betrüger, Grenzfrevler, Meineidige, Verführer von Unschuldigen und Mörder finden keine Ruhe und sind Unholde geworden.

Und dann wissen solche Geister auch, daß im Blut die Lebenskraft liegt; wenn also irgendwo viel Blut fließt, stärken sie sich daran. Einige mögen sich dadurch auch an früher als Mensch begangene Verbrechen erinnern. Schon Odysseus mußte im Totenreich dem Seher Teiresias Blut opfern (Odyssee, 11. Gesang), damit dieser ihm Auskunft gibt.

Die Dämonen suchen also die Nähe von labilen Menschen. Sie versuchen, sich dieser zu bemächtigen, was in Einzelfällen auch gelingen kann, zumindest zeitweilig. Und sie verleiten ihre Opfer dazu, das zu tun, was den Dämonen gefällt. Dazu gehören der Konsum von Drogen und Rauschmitteln jeder Art – garantiert der Konsum ihnen doch, daß ihr Opfer weiterhin besetzbar und lenkbar bleibt. Außerdem reden sie ihren Opfern ein, Untaten zu begehen, bei denen Blut fließt.

Dämonen wollen Unfrieden säen; sie lieben Zank und Streit, sie wollen ihre götterfeindliche Macht errichten und ausbauen und suchen willfärige und lenkbare Menschen, durch die sie sich hier auf der Erde betätigen können. Unsere Volksüberlieferung spricht wie erwähnt von „Aufhockern" und bei den Kindern von „Wechselbälgern", denn Dämonen versuchen auch, die Seele des Kindes aus dem Körper zu verdrängen und eigene Dämonenseelen hineinzubringen. So wird dann ein Dämon von den ahnungslosen Eltern aufgezogen, der gemäß seiner Herkunft entsprechend böse handelt. In meinem Bekanntenkreise gibt es einen Fall: Da war ein achtjähriger Junge, der hatte einen Sportunfall. Bei ihm mußte drei Mal eine Bluttransfusion vorgenommen werden, denn er wäre sonst gestorben. Nachdem er wieder gesund war, sagte die Mutter: „Das ist nicht mehr mein Sohn" – er hatte sich irgendwie verändert. Die Möglichkeit besteht, daß in der Zeit seiner Schwächung, wo er dem Tode nahe war, ein anderer Geist von seinem Körper Besitz ergriffen hatte und ihn seitdem auch nicht mehr verließ. Nur der Mutter fiel auf, daß der Junge nun einen anderen Charakter bekommen hatte. Der Junge wuchs auf und wurde 63 Jahre. Er starb an einem Gehirntumor. Betreut wurde er von einer Bekannten namens Annemarie, die geistersichtig war. Sie spürte, daß da im Umfeld des Toten ein zweiter Geist war, der böse ist. Die Geschichte von dem Unfall im Alter von acht Jahren kannte sie gar nicht. Möglicherweise gelang es also zeitweilig dem „verdrängten" Geist des Jungen, sich wieder in den Körper zu begeben, aber der böse Dämon blieb offenbar immer in der Nähe.

Ein Verbrecher öffnet sich den Einflüsterungen der bösen Geister und läßt sich zur Untaten verleiten. Dafür kommt er ins Gefängnis zu andern Verbrechern, die gleichfalls unter dem Einfluß niederer Geister stehen. Im Gefängnis kann er keine Verbrechen begehen. Irgendwann wird er entlassen – sind deswegen nun die niederen Geister, die Dämonen fort? Im Gegenteil, es sind vielleicht im Gefängnis noch einige dazugekommen. So ein Mensch steht also im direkten Einfluß dieser bösen Wesen.

Beim heutigen Strafvollzug interessiert niemanden die Frage nach bösen Geistern; es wird absolut nichts getan, um die Verbrecher irgendwie wieder mit den lichten Geistern und Göttern zusammenzubringen. Sie werden eine zeitlang weggesperrt und dann mit allen ihren schlimmen Dämonen wieder auf die Gesellschaft losgelassen.

Um das Ziel ihrer Herrschaft zu erreichen, müssen die Dämonen zuerst diejenigen Anweisungen geben, die nötig sind, um ihnen die Kraft zu erhalten, die sie benötigen. Würde man ihnen nämlich diese Kraft vorenthalten, könnten sie nichts mehr machen. Diese Anweisungen dienen aber nicht dem Menschen, der besessen ist, sondern sichern nur das Erzeugen der Kraft für den Dämon. Die betroffenen Menschen durchschauen das leider meist nicht, weil der Dämon ihnen einredet, daß das eingeredete Tun auch in ihrem eigenen Interesse sei.

Einmal kam ich auf Facebook in Kontakt zu einer jungen Frau. Ich weiß nicht mehr, ob sie mir eine Freundschaftsanfrage geschickt hatte oder was der Grund war. Aber ich sah mir ihre Facebook-Seite an und fand diverse Hinweise auf Dämonenbesessenheit: Sie trug schwarze Kleider, verwendete häufig Totenköpfe, stellte sich Drachenfiguren auf und schwärmte für Black Metal. Also schrieb ich ihr und erklärte ihr, daß ich vermute, daß sie unter dem Einfluß eines Dämonen stehe und versuchen sollte, sich zu befreien. Das wird dem Dämonen, der sie in den Klauen hatte, gar nicht gefallen haben.

Dieser Dämon war also nun sehr böse. In der nächsten Nacht (der Nacht zum 23. 5. 2015), in den frühesten Morgenstunden um 4 Uhr, lag ich in meinem Bett. Ich sah im Traum Nebel auf meiner Bettdecke, konnte aber kein Licht machen. Ich rief in Gedanken den Gott Donar an. Der Nebel wurde zu einer hageren, großen weiblichen Figur mit Zöpfen und langem, verzerrtem Gesicht. Es war eine eigenartig gekleidete, grimmig aussehende alte Frau am Fußende meines Bettes. Sie war zweifellos ein weiblicher Dämon. Ich bekam große Angst, konnte mich aber nicht bewegen (war ja noch im Schlaf) und konnte nichts weiter tun, als mir in Gedanken den Gott Donar herbeizurufen. Ich stellte mir vor, daß Er mit seinem Hammer diesen Dämon erschlägt. Endlich gelang es, zu schreien und aufzuwachen, der Dämon war weg.

Ich habe aus der Situation, daß ich einem Dämon wehrlos ausgeliefert war gelernt, und seitdem hängt ein geweihter Donarshammer griffbereit neben meinem Kopfkissen an der Wand. Es war eine höchst unangenehme Begegnung, die ich nie wieder erleben möchte. Das Dämonenweib konnte problemlos in mein Zimmer eindringen, obwohl ich dort eine harmonische Atmosphäre habe. Mit Dämonen ist offenbar nicht zu spaßen.

Einmal am „Brandenburg-Tag" saß ich mit meiner Gemahlin an einem Tisch im Freien im Gut Schmerwitz. Da war gerade ein großes Hoffest. Neben mir saß ein offenbar alkoholisierter Mann, der nach meinem Eindruck unter dem Einfluß eines Dämonen stand. Ich redete daher mit meiner Frau über Dämonenbesessenheit, ohne den Mann zu erwähnen oder zu laut und zu predigend zu reden. Trotzdem verließ der Mann den Tisch – sein Dämon hatte ihn fortgelenkt, da er fürchtete, daß der Mann lernen könnte, wie er sich seines Dämons erfolgreich erwehren könnte.

Es gibt destruktive Religionen, bei denen die Anweisung für alle Anhänger gilt, daß sie regelmäßig ein Tieropfer bringen müssen, und zwar in der Weise, daß das Tier qualvoll ausblutet. Die Dämonen erhalten dadurch Kraft, denn Blut ist Träger der spirituellen Energie. Es gab auch im Heidentum Tieropfer, aber dabei wurde ein Tier nicht geschächtet, und vor allem: Es wurde strikt auf die Einhaltung der Reinheitsregeln geachtet. Einige dieser Regeln sind überliefert: Der Priester durfte beim Fegen des Tempels im Tempel nicht ausatmen, um diesen nicht zu verunreinigen (Saxo Grammaticus), das Heiligtum durfte nur von Opferwilligen betreten werden (Helmold von Bosau), Das Heiligtum durfte nur gewaschen angesehen werden (Eyrbyggja saga), die Teilnehmer sollten gewaschen zum Thing kommen (Hávamál), im Heiligtum durfte man seine Notdurft nicht verrichten (Eyrbyggja saga), keine Waffen tragen, Männer und Frauen durften dort nicht zusammenkommen (Frithjofs saga fraekna) usw. Wenn man diese Regeln einhält, dann können Dämonen nicht an die Menschen herankommen, sondern nur entsprechend hohe Wesenheiten. Wenn aber das ganze Volk Blutopfer durchführt, also nicht nur die erleuchteten, heiligen und reinen Menschen, dann ist das ein Magnet für die Dämonen, die sich an dem Blut stärken und ihre Macht ausbauen. Und die ahnungslosen Menschen müssen ihnen weiterhin Blut liefern. Warum wohl töten bestimmte Terroristen ihre Opfer immer durch Enthaupten, statt daß sie sie erschießen? Weil beim Enthaupten mehr Blut fließt als beim Erschießen. Die von Dämonen besessenen oder zumindest beeinflußten Menschen verhalten sich unfriedlich, denn die Dämonen brauchen Kriege, damit auch zukünftig Blut fließt.

Die Dämonen bewirken bei ihren Opfern auch Krankheiten. Schon in den ältesten Zeiten wurden Krankheiten personifiziert, die Pest etwa als rotgekleidete Frau usw. Es handelt sich hier um Krankheitsdämonen, und Viren und schädigende Bakterien sind deren „Geschosse", wie sie in den Zaubersprüchen vorkommen. Da werden Pfeile, Alpgeschosse, Hexenschuß usw. erwähnt, was in der materiellen Welt Viren und Bakterien sind. Der Schulmediziner stellt die Anwesenheit von Viren fest, aber daß diese von einem Krankheitsdämon ausgesendet oder auf uns abgeschossen wurden, davon hat er keine Ahnung.

Nehmen wir den Fall, der sich am 27. 5. 2006 in Berlin ereignete. Tausende von Menschen gingen zum Lehrter Bahnhof in Berlin, der an diesem Tage als neuer Hauptbahnhof feierlich eröffnet wurde. Unter ihnen auch Mike P., ein 16jähriger Schüler. Er hatte ein Küchenmesser mit 7,5 cm langer Klinge bei sich und stach in einer Art Blutrausch wahllos auf insgesamt 37 Menschen ein; acht davon wurden lebensgefährlich verletzt. Noch heute kann sich der Täter nicht daran erinnern, wie das alles ablief. Er hatte zuvor mit Freunden Whisky, Wodka und anderen Alkohol getrunken, überschritt dabei die 2-Promille-Grenze und verlor die Kontrolle über sich. Das Urteil lautete 7 Jahre Jugendhaft wegen versuchten Totschlages. Mike P. wirkt wie ein ganz normaler Mensch, was war geschehen? Ein Unhold hatte ihn zum Trinken verführt und sich dann in den Körper von Mike P. begeben. Der Unhold wollte, was alle Unholde wollen: Blut. Deswegen nutzte der Unhold den besetzten Körper, um seinen Blutrausch auszuleben. Davon steht allerdings nichts in den Zeitungen oder den Prozeßunterlagen. Obwohl es viele Zeugen für die Tat gab und auch das Messer sichergestellt werden konnte, bestritt der Jugendliche die Tat. Er könne sich an nichts mehr erinnern. Vermutlich – so hieß es – habe er einen „Filmriß" gehabt.

Der Vater des Täters reagierte mit Betroffenheit und Erschütterung; er verstehe die Welt nicht mehr, soll er gesagt haben.

Was für einen rationalen Menschen nur ein Verbrechen unter Alkoholeinfluß war, ist für mich etwas ganz anderes. Zeigen doch Einzelheiten klar auf, daß hier ein ansonsten harmloser Jugendlicher zeitweilig unter Einfluß eines (oder mehrerer) Dämonen gestanden hat und diese ihn quasi „ritten", wie es in alten Aufhocker-Sagen oft umschrieben wird. „Was (oder wer) hat dich denn geritten?" ist noch heute eine Redewendung.

Die Einzelheiten, die für eine Dämonenbesessenheit sprechen, sind:
- Der Mensch wurde durch Drogen anfällig für den Dämonen.
- Es war Nacht oder Dunkelheit bzw. Kunstlicht.
- Der Dämon wollte Blut.
- Der Mensch erinnert sich nach Verlassen des Dämons an nichts mehr.

Am 23. 4. 2011 kam es im Berliner U-Bahnhof Friedrichstraße gegen 3:30 Uhr zu einem brutalen Angriff. Der alkoholisierte Täter, Thorben P. hatte zunächst mit einer Hartplastikflasche Markus P. zu Boden geschlagen. Dann trat er noch vier Mal mit dem Fuß und voller Wucht auf den Kopf des schon am Boden liegenden Opfers. Die Bilder der Überwachungskamera gingen durch die Medien und erzeugten bei der Bevölkerung Entsetzen. Nur das Eingreifen eines weiteren Opfers konnte den Täter davon abhalten, weitere Male zuzutreten. Der Täter reagierte wie in einem Rausch. Er stammte aus einer intakten Familie, war nie auffällig geworden und stand kurz vor dem Abitur. Vor Gericht erklärte er, er sei bestürzt und schockiert über sich selbst, er hatte schließlich auch ein Anti-Aggressions-Training absolviert und mehrere Entschuldigungsbriefe an das Opfer geschrieben.

In diesem Falle haben wir wiederum: Den Alkohol, die Dunkelheit des neonbeleuchteten nächtlichen U-Bahnhofes und die Tat selbst, die darauf abzielte, Blut fließen zu lassen und die eindeutig auf Dämoneneinfluß hinweist. Der Täter bekam übrigens nur 2 Jahre und 10 Monate Haft.

Die Dunkelheit ist für Dämonen wichtig, ist es doch ihr Element. Sie fürchten sich vor dem Licht der Sonne, die Symbol der Götter ist. Kunstlicht, insbesondere Neonlicht, stört sie weniger. Am hellichten Tage im Freien werden Menschen dagegen selten von Dämonen angegriffen. In den Sagen heißt es, Dämonen werden am Tage zu Stein.

Eine 36-jährige türkischstämmige Mutter stach am 26. 2. 2015 in Willich auf ihre sechsjährige, schlafende Tochter mit dem Messer ein. Auch die anderen Kinder wollte sie töten. Interessant ist nun die Begründung, die die Mutter angegeben hatte:
Sie habe ihre 6, 13 und 16 Jahre alten Töchter „opfern" wollen. „Allah" habe ihr dies befohlen. Vor einem Jahr sei sie Augenzeugin eines Selbstmords geworden und nun überzeugt, daß eigentlich sie selbst habe sterben sollen. Deswegen habe sie auf ihre schlafende sechsjährige Tochter eingestochen.

Die Frau wurde Zeugin eines Selbstmordes, bei der eine Frau von einem Zug überrollt wurde. Diese Selbstmörderin war ganz offenbar von einem Unhold beeinflußt, der Blut sehen wollte. Der Unhold ist auf diese Mutter übergewechselt. Im Volksglauben sagt man, man solle Sterbenden oder Besessenen nicht in die Augen blicken, um ein Überwechseln der Dämonen zu verhindern.

Der Dämon ist nun jedenfalls auf die türkische Frau übergewechselt, und sein Durst nach frischem Blut war noch nicht gestillt. Deswegen gab er der naiven Frau ein, sie solle mit dem Messer ihre Kinder töten, ihm opfern. Die Frau wähnte, „Allah" habe ihr das befohlen, doch es war nicht „Allah", es war der Dämon. Wie in so vielen Fällen können Menschen Einflüsterungen von Geistern nicht differenzieren; für naive Gemüter ist jede übernatürliche Stimme, die sie hören, von „Gott"; sie verstehen nicht, daß es in Wahrheit fast immer Dämonen sind, die sich als „Gott" ausgeben.

Auch das Heidentum blieb davon nicht verschont. Ohne Skrupel gaben sich die übelsten Dämonen als Gottheiten aus. Am 22. 4. 1990 mußte sich der 28jährige Kriminal-Oberkommissar des Mobilen Einsatzkommandos, Frank P. verantworten, der die 47jährige Prostituierte Irene B. durch einen Schuß in den Rücken getötet hatte. Nach dem Mord, der am 4. 6. 1990 in einer Wohnung in Berlin-Wilmersdorf, Bregenzer Straße, geschah, und für den der Polizist seine mit Dum-Dum-Geschossen geladene Dienstwaffe benutzte, trennte Frank P. den Kopf des Opfers mit einer Axt ab, um ihn unter einer Eiche im Walde nahe des Teufelsberges zu vergraben. Im Prozeß ergab sich, daß sich der Täter nachdem er sich von seiner 31jährigen Freundin (auch eine Prostituierte) getrennt hatte, mit nordischen Göttersagen befaßte. Schon als Schüler hatte ihn das Thema interessiert, er wandte sich dem Wodan-Kult zu, begann zu Wodan zu beten, um die Liebe seiner Freundin zurückzugewinnen. Als diese aber bald darauf wieder ging, wollte Frank P. sich erschießen. Da hörte er angeblich Wodans tiefe, dumpf hallende Stimme „tu's nicht!". Nun versuchte er, um Wodan zu gefallen, sich öfters Schnittverletzungen zuzufügen. Es folgte ein weiterer Selbstmordversuch, doch dabei brach der Haken aus der Zimmerdecke, was Frank P. als Zeichen Wodans deutete. Als die Beziehung zu seiner Freundin wieder eingerenkt wurde, fühlte er sich verpflichtet, Wodan ein Menschenopfer zu bringen. Aus dem Bekanntenkreis seiner Freundin suchte er sich das Opfer, besuchte sie und hatte plötzlich das Gefühl: Jetzt muß es sein. Nachbarn hörten den Schuß, riefen die Polizei, und er wurde festgenommen. Die Staatsanwaltschaft forderte 8 Jahre, das Gericht verhängte 10 Jahre Haft.

Natürlich fordert der höchste Gott und Schöpfer des Universums, Wodan, keinen Menschen auf, einen Mord zu begehen oder sich Schnittverletzungen zuzufügen. Aber für Dämonen ist dieses Tun typisch.

Schon 1996 ermordere der Rechtsextremist Thomas Lemke aus Gladbeck fünf Menschen und wurde zu lebenslanger Haft mit anschließender Sicherheitsverwahrung verurteilt. Weil ein Aussteiger Verrat begangen hatte, zerfetzte er ihm mit mehreren Schüssen aus einer Pumpgun den Oberkörper. „Denn Verrat", so Lemke, sei das „Niederträchtigste, was es gibt". Zwei Frauen werden ebenfalls seine Opfer: Seine 26-jährige Geliebte peinigte er stundenlang, erschlug sie und verscharrte sie in einem Walde. Eine 22-Jährige vergewaltigte er in ihrer Wohnung und tötete sie mit 91 Messerstichen. Die Bluttaten, so erklärte er beim Polizeiverhör, habe er auf Befehl Wodans begangen. Wodan, der Gott der Schlachten und Loki, der Dämon des Untergangs, hätten ihm die Rache aufgetragen.

Interessant ist hierbei, daß der Täter selbst den Halbgott Loki als Dämon verstand. Und wieder finden wir den Blutdurst der Dämonen, den der Täter, der in Wahrheit ihr Opfer war, durch die völlig unbegründeten Frauenmorde zu stillen versuchte.

Im Jahre 1997 wurde der Rechtsextremist Kai Diesner auffällig, als er mehrere Personen ermordete. Er hatte sich der rechtsextremen

Gruppe „Wotans Volk" angeschlossen. Der Gewalttäter Diesner lebte in Marzahn. Blickfang im Korridor seiner Einraum-Wohnung ist das Poster eines blondbärtigen Hünen mit Streitaxt. Titel: „Die Wikinger kommen". Deren Götter Wodan und Donar hätten, behauptet Diesner, ihm seine Taten befohlen.

Im Falle Diesner treten Dämonenbeeinflussungen nicht deutlich zutage, denn der erste Mord (an einem linken Buchhändler) geschah aus politischen Gründen, der zweite Mord an einem Polizisten erfolgte aus Fluchtgründen. Es ist hier auch möglich, daß die Behauptung, Götter hätten die Morde befohlen, vorgeschoben wurde, um als psychisch Kranker eine geringere Strafe zu erhalten.

Manche Dämonen offenbaren sich auch anders. Am 10. 7. 2015 erschoß der 48jährige Bernd G. aus Leutershausen aus seinem Auto heraus ein Rentnerpaar. Vor dem Landgericht Ansbach behauptete er, er habe „Werwölfe und Vampire" in seinen Opfern gesehen.
In Hamburg stieß eine Mutter 2016 ihren Sohn vor die U-Bahn. Die Angeklagte sei nicht schuldfähig, sie habe Stimmen gehört, die ihr die Tat befohlen hätten.
Beide wurden in die Psychiatrie eingewiesen, doch wäre meiner Meinung nach hier eher ein Exorzismus nötig, sowie gründliche Aufklärung über das Wirken von Dämonen.

Dämonen lieben die Unharmonie und das Chaos und hassen oder fürchten die Harmonie. Sie lieben Gestank statt Wohlgerüche, sie lieben Krach statt schöner Musik, sie lieben Unordnung statt Ordnung und Häßlichkeit statt Schönheit. In der Natur halten sie es nicht lange aus. Deswegen gibt es in den meisten Religionen Riten, die genau das unterstützen, was Dämonen hassen: Weihrauch sorgt für Wohlgeruch, schöne Musik sorgt für Harmonie; Ordnung und Schönheit (etwa in Kirchen und Tempeln) werden verbreitet.

Der letzte mir bekanntgewordene Fall war der Mord von Hanau vom 20. 2. 2020. Der Sohn eines Grünen-Politikers, Tobias Rathjen erschoß in Shisha-Bars neun ausländischstämmige Personen, zuletzt (unter unklaren Umständen) seine Mutter und sich selbst. Die Ermittlungen ergaben, daß der Täter psychisch krank war und vor allem, daß er „Stimmen hörte" – das ist ein Hinweis, daß er unter Dämoneneinfluß stand.

Es gibt auch böse Geister, die absichtlich Menschen Schaden zufügen, aber nicht, um selbst Macht über den Menschen zu erhalten. Wenn wir nämlich in einem früheren Leben einem Menschen großes Leid und Unrecht getan haben, ihn beraubt oder ermordet, dann versucht dessen Geist, sich an uns in unserem heutigen Leben zu rächen. Wir wissen wahrscheinlich gar nicht, worum es überhaupt geht, aber der von uns einst gequälte Geist weiß es und kämpft seinen Kampf gegen uns weiter. Er versucht also alles, um uns Unheil und Schaden zu bringen; dazu verführt er sein Opfer zu Handlungen, die ihm sein Wirken erleichtern. Denn auch wenn Geister nicht materiell sind, haben sie doch die Macht, uns etwas einzuflüstern. Wenn wir uns dem hingeben und darauf hören, öffnen wir diesem Unhold Türen, die ihm weiteres negatives Eingreifen ermöglichen. Solche Unholde lassen dann gar nicht mehr von uns ab; oder frühestens, wenn wir im größten Unglück stehen oder selbst gestorben sind. Es kommt auf die Größe unserer Schuld an und auf die Größe des Hasses dieses Unholdes. Die spirituelle Welt gestattet solchen Geistern, sich zu rächen; greift jedenfalls nicht ein, denn auch unser negatives Örlög kann dadurch abgebüßt werden.

Wir können durch unser Tun und Handeln dazu beitragen, daß böse oder niedere Geistwesen nicht an uns herankommen. Damit können sie uns auch nicht so sehr schaden. Das ist ja auf der materiellen Ebene ganz ähnlich: Wenn wir uns dahin begeben, wo viel Schmutz und Gift ist, werden wir krank; wenn wir aber dorthin gehen, wo Kraft ist, in die Natur, und uns entsprechend öffnen, werden wir nicht krank. Wenn wir also Dämonen an uns heranlassen, dann werden diese uns schaden. Unser Ziel muß es also sein, Dämonen gar nicht erst an uns herankommen zu lassen. Dazu müssen wir unsere Schwingung so erhöhen, daß Dämonen sie nicht mehr leicht ertragen können. Das muß in jedem Bereich geschehen. Den Körper muß man rein und gesund erhalten, also keine Drogen jeder Art nehmen, keinen Alkohol, keine unreineren Speisen essen. Um uns herum müssen wir eine harmonische Schwingung verbreiten: Gut denken und gut sprechen. Aggressionen, Streitereien, Schimpfwörter vermeiden. Unsere ganze Wohnung müssen wir entsprechend einrichten, auf negative Bilder, aggressive Farben, kalte kahle Wände und unharmonische Einrichtung verzichten. Kunst (und zwar die echte, die von „Können" kommt, nicht die sog. „moderne Aktionskunst") und Stil können die Schwingung heben. Man betrachte sich nur einmal alte Schlösser von innen, wo schönste Raumgestaltungen zu finden sind. Das muß übrigens gar nicht besonders teuer werden, statt der häßlichen Mode-Designerlampe tuts auch ein stilvoll verschnörkelter Messingleuchter. Kerzenlicht oder auch Glühbirnenlicht hat eine höhere Schwingung als Neonröhren und Energiesparlampen mit ihrem Gift. Bei der musikalischen Unterhaltung sollten wir uns auf die Musik beschränken, die die hohe Schwingung hat, also Rock, Beat, Pop, Metal usw. vermeiden, stattdessen klassische Musik, Mittelaltermusik, Volkslieder usw. hören, am besten diese sogar selbst spielen, ohne elektrische Verstärker. Die primitiven Anschrei-Shows des privaten Unterschichtenfernsehns sollten wir uns nicht ansehen, genausowenig aggressive Mord- und Totschlagsfilme aus US-Produktion. Das ist nur Nahrung für niederste Seelen. Jeder wird hier selbst wissen, was gut ist, und was nicht.

Natürlich muß man aus den aufgezählten Regeln keine Dogmen machen. Man kann durchaus auch ab und zu davon abweichen. Erst wenn man sich dem dämonischen Einfluß voll öffnet und regelmäßig das tut, was Dämonen lieben, besteht Gefahr.

Auch die meisten (eigentlich fast alle) angeblichen Kontakte von Neuheiden mit „Göttern" sind in Wirklichkeit Kontakte mit Dämonen, bzw. Unholden. Die Berliner Heiden erlebten vor einiger Zeit bei einem Mittsommerfest einen Mann namens Michael, der in einem schamanischen Ritual den Gott Wodan selbst beschwören wollte; das sei ihm bisher immer gelungen, nun aber war es im Semnonenhain, ich war anwesend, andere Heiden auch. Es klappte nicht, es gelang ihm nicht, den Geist von Wodan dazu zu bringen, sich bei uns zu melden. Mir war sofort klar, warum: Dieser angebliche Geist von Wodan war nur ein übler Dämon, der sich – um sich interessant zu machen – als „Wodan" ausgegeben hatte. Hier ins Heiligtum aber haben unsere Idisen ihn nicht hineingelassen, so daß er sein Verwirrspiel mit uns nicht spielen konnte. Es bestand für den Dämon auch die Gefahr, daß wir ihn entlarvt und ihm so die Möglichkeit genommen hätten, sich noch häufiger durch das Medium Michael zu manifestieren.
Etwas ähnliches habe ich 1988 in Island erlebt: Unsere Delegation von etwa zehn deutschen Heiden durfte an einer spiritistischen Sitzung in Reykjavík teilnehmen. Das Medium, ein etwa 50jähriger Mann, wollte mit dem Gott Baldur kommunizieren, was nicht gelang. Auch hier sorgte unsere Anwesenheit dafür, daß der Dämon, der sich den Namen des Gottes Baldur zugelegt hatte, sich nicht traute, sich zu manifestieren.

In der heiligen Zeit des Julfestes räuchert man jeden Tag das Haus aus, denn man will zwar die guten Verstorbenen einladen, aber Dämonen keine Heimstatt bieten. Auch eine neue Wohnung weiht man mit Osterwasser, Weihrauch usw. ein. Derartige Rituale haben den Sinn, Dämonen fernzuhalten, und wer sie regelmäßig praktiziert, dem sollte nichts passieren können.

Die Berliner Heiden werden noch unsere Gydja Fridis (Saskia) kennen. Sie wollte die Godenprüfung ablegen, aber die damit verbundene Verpflichtung, nicht mehr zu rauchen, brach sie, was ich zufällig erfuhr. Dadurch war die geforderte kultische Reinheit nicht gewährleistet, und als sie auf das ihr zugedachte Heiligtum in Heiligensee ging, geschah es, daß über 20 Polizisten den Ort zerstörten und sie und zwei andere Heiden wegen illegalen Feuers anzeigten (14. 8. 2003). Die fehlende Reinheit hat also Unholden die Türe geöffnet, und die Unholde haben Spaß am Streit und auch kein Interesse daran, daß in einem Heiligtum Götterkulte stattfinden. Deswegen konnten Polizisten den Ort finden und gegen Saskia und die anderen vorgehen.

An den Externsteinen hatte es um 1987 einmal einen Streit unter verschiedenen Wiccas (Anhänger eines modernen Hexenkultes) gegeben, auch Arienvey und Aragorn waren dabei gewesen. Da sollen Wiccas mit ihren Ritualdolchen aufeinander losgegangen sein. Der Frieden des Heiligums war durch diese Aggression gebrochen, und im gleichen Jahre fanden Demonstrationen von Antifaschisten gegen Sonnwendfeiern der Heiden statt und wurde sogar das Loch auf der Sonnenwarte zugemauert (was eine Heidin aber kurz darauf wieder freikratzte). Der gebrochene Frieden des Heiligtums hatte den Gegenkräften die Türen geöffnet.

Kapitel 9

Vorzeichen

Wir wissen aus den wenigen Berichten der Historiker über unsere Vorfahren, daß sie an Vorzeichen und Angänge glaubten. Ein Angang ist es, wenn man morgens aus dem Hause geht oder aufbricht zu einer Fahrt, wenn einem dann irgendetwas begegnet. Das kann ein Tier sein, ein Mensch oder irgendein anderes Ding. So ein Angang ist vorbedeutend für das, was am Tage passieren wird. Als naturreligiöser Mensch weiß man, daß es keinen Zufall gibt und daß alles irgendeine Bedeutung hat. Nichts geschieht sinnlos.

Wenn man also am Morgen z. B. irgendeinen Vogel sieht, dann kann man darüber nachdenken, was dieses Sehen einem bedeutet. Jede Tierart ist ja irgendeiner Gottheit geweiht, und somit würde das Sehen dieses Tieres den Beistand dieser Gottheit bedeuten. Aber es kommt auch auf die Richtung an. Begegnet einem am Morgen zuerst eine Nonne, dann ist das ein Hinweis auf ein schicksalhaftes Ereignis, was bevorsteht, denn „Nonne" wird mit „Norne" (Schicksalsfrau) gleichgesetzt.

Als ich am 27. 1. 1995 in Berlin mit dem Fahrrad zur Arbeit in Siemensstadt fuhr, wählte ich wie immer den Weg durch den Schloßpark des Schlosses Charlottenburg. Da sah ich einen blauen Vogel. Es war ein Eisvogel, den ich hier das erste Mal im Leben real sah. Zu Hause angekommen, suchte ich nicht nur den Vogel heraus, da ich ihn als Eisvogel ja gar nicht kannte, ich sah auch in den volkskundlichen Büchern nach, was das Sehen eines Eisvogels bedeutet. Der Eisvogel zeigt Regen an – als ich das nachlas, hatte es schon längst angefangen zu regnen.

Als ich mich noch nicht lange mit heidnischen Vorstellungen befaßt hatte und wenig wußte, hatte ich schon G. A. B. Schierenbergs Erkenntnisse über die Kultstätten im Teutoburger Wald gelesen und begab mich dort hin. Dort gibt es eine C-förmige etwa 10 Mtr. tiefe Schlucht mit einer Höhle; die Schlucht ist die Bielsteinschlucht. Die Bielsteinhöhle beginnt in der Schlucht. Weit und breit ist kein Weg; kein Wanderer weiß von der vermuteten Bedeutung Bielstein = Bilskirnir, Donars Himmelspalast. Ich ging dort hin in der Erwartung, hier dem Gotte nahe kommen zu können. Dabei grübelte ich darüber nach, welche Rune nun dem Donar geweiht ist, die th-Rune oder die h-Rune. Damals deuteten die Esoteriker und Okkultisten die th-Rune als Rune Donars (Thors), was ich nicht richtig fand. Aber ich war unsicher. In der Schlucht war ich allein und rief den Gott an, machte meinen Kult mit der h-Rune. Ich tat das alles direkt neben dem Höhleneingang. Dann ging ich in die Höhle, die etwa 30 bis 50 Mtr. tief, aber bequem in den Felsen geht. Ich hatte zur Erleuchtung nur Kerzen. Als ich wieder herauskam in die Schlucht, da lag da vor mir ein kleiner Hammer – Stiellänge etwa 20 cm, Hammerkopf etwa 9 cm. Diesen Hammer hatte ich zuvor gar nicht gesehen, obwohl er doch vor der Höhle gelegen haben müßte (falls es mit „rechten Dingen" zugeht). Dieser Hammer war nicht nur ein Zeichen der Gottheit, sondern gab mir auch die Antwort auf die Runenfrage, denn der Hammerkopf war auf den Stiel geprägt mit einer sternförmigen h-Rune.

Rationalisten würden sagen: Da hat jemand einen Hammer verloren – allerdings: Warum sollte da jemand mit einem Hammer herumlaufen? Als Geologenhammer war er zu klein; Kinder kommen da mitten im Walde ohne Wege auch nicht vorbei. Käme noch irgendein anderer Heide in Frage, der in Kenntnis der Bedeutung des Hammers und Hammergottes Donar diesen Hammer da niedergelegt hatte. Nur: Die Ausarbeitungen Schierenbergs von 1880 kannte wohl niemand (und kennt sie auch heute nicht), und die Frage, warum ich den Hammer nicht gleich am Anfang gesehen habe, ist damit auch nicht beantwortet. Ich habe den Hammer noch heute und nutze ihn für Weihehandlungen (Eheweihen). Jahre später (1987) bin ich erneut zu dieser Schlucht gegangen, auch in die Höhle, und legte dort am Ende der Höhle einen neugekauften Hammer nieder – ich will ja nicht nur nehmen, sondern auch geben.

Ein anderes Zeichen geschah genau am Tage des Herbstfestes am 21. 9. 1984. Unsere kleine Heidengruppe wollte an diesem Tage einen Informationsstand auf dem Auguste-Viktoria-Platz (heute „Breitscheidplatz" genannt) vor der Gedächtniskirche aufbauen. Die Genehmigung dazu hatte Matthias W., doch er war nicht gekommen. So konnten wir ohne Genehmigung den Tisch nicht aufbauen, packten alles ein und fuhren zu ihm, um ihn zur Rede zu stellen. Bernhard S. ging vorne, ich hinter ihm. Er hatte den Gedanken, kurz noch einmal auf den Hinterhof des alten Mietshauses zu sehen, da dort kürzlich begonnen wurde, den Hof zu erneuern. Er öffnete also die große Tür zum Hof und ich hinter ihm sah da ein rostiges Hufeisen liegen, welches ich natürlich mitnahm. Bernhard ärgerte sich wohl etwas darüber, denn er hatte eine große Sammlung von alten Hufeisen und hätte dieses sicher gerne auch gehabt. Mir aber bedeutete es viel mehr, denn es war mein erstes Hufeisen, das ich in meinem Leben fand und das auch noch am Tage unseres Herbstfestes, wo ein Hufeisensammler vor mir ging. Traditionell wird im Herbstfest ein Hufeisen am Herbstbaum angehängt als Ersatz für einstige Pferdeopfer an Wodan, und nun hatte ich zum richtigen Zeitpunkt so ein Hufeisen bekommen, welches wir dann auch im Fest verwendeten. Das war ein Zeichen der Götter, obwohl mir natürlich klar ist, daß dieses Hufeisen im Zuge der Bauarbeiten auf dem Hof dort von den Bauarbeitern gefunden und zur Seite gelegt wurde. Auf Berliner Hinterhöfen standen früher ja die Pferde, wie heute die Automobile vor den Häusern, so daß einzelne Hufeisen da nicht ungewöhnlich sind.

Ich habe, was die Anzeichen betrifft, auch die Erfahrung gemacht, daß die spirituelle Welt die Zeichen nutzt, die wir auch verstehen. Glaubt also jemand, daß eine schwarze Katze, die den Weg von links kreuzt, Glück bringt, und die spirituelle Welt möchte diesem Menschen Glück bescheren, dann wird er auch so eine Katze von links kreuzend sehen. Glaubt er aber, daß eine Katze grundsätzlich Unglück bringt, dann wird ihm an diesem Tage keine Katze begegnen. Wenn etwas durch Zeichen mitgeteilt werden soll, dann benutzt die geistige Welt die „Sprache", die der Betroffene auch verstehen kann. Menschen, die an derlei Dinge gar nicht glauben, bekommen solche Zeichen auch gar nicht, denn auch wir würden ja einem tauben Menschen nicht irgendetwas sagen, was er nicht verstehen kann.

Und dann muß uns natürlich klar sein, daß die spirituelle Welt nur die Zeichen geben kann, die ihr zur Verfügung stehen. In Gegenden, wo es keine Tiere gibt, gibt es dementsprechend auch keine Zeichen durch das Sehen von Tieren. Es gibt dann andere Zeichen oder gar keine. Die spirituelle Welt kann auch nur die Dinge beeinflussen, die vorhanden sind. Es wäre sehr naiv anzunehmen, daß eigens eine Katze materialisiert wird, damit wir sie sehen, um dann wieder dematerialisiert zu werden. Das wäre ein großer Aufwand und kommt daher nicht (oder nur in ganz besonderen, seltenen Augenblicken) vor.

Wenn ich vereinfachend von „spiritueller Welt" rede, dann meine ich damit Geistwesen, die uns umgeben, also unsere Fylgien (Folgegeister, Schutzengel) und auch Geister von Ahnen, die uns Hinweise oder Warnungen geben wollen. Es ist daher auch wichtig, daß wir lernen, auf derartige Vorzeichen zu hören und sie überhaupt ersteinmal zu erkennen.

Am 12. 2. 1989 war ich mal wieder spazieren im Grunewald. Ich ging den Weg von der Russen-Brücke am Teufelsgraben entlang, der mich sowieso immer fasziniert hat; manchmal ging ich in dem tiefen Graben (er führt schon seit Jahrzehnten kein Wasser mehr) und denke mir, daß man so in das Reich der Unterwelt wandern könnte. Einmal fand ich dort eine Handgranate, die ich natürlich nicht berührte; wer weiß, ob sie nicht noch losgehen könnte. Es kann aber auch eine harmlose Übungshandgranate gewesen sein. Ich machte darüber keine Meldung, was von Freunden kritisiert wurde: Was ist, wenn ein spielendes Kind die Granate findet und diese explodiert? Nun, im Graben (wo kein Weg verläuft) wird man wohl kaum spielende Kinder erwarten, außerdem war ich damals schon so zuversichtlich was das Schicksal betrifft, daß ich es nicht für notwendig hielt, irgendeiner Behörde Meldung zu machen. Denn wenn es einem Kinde bestimmt ist, zu sterben, dann wird es durch diese Handgranate sterben und in Ermangelung derselben durch eine andere Ursache den Tod finden. Ist ihm aber kein Unheil bestimmt, dann wird ihm auch diese Handgranate nichts tun und gute Geister werden es so lenken, daß es diese Granate nicht findet oder nicht berührt. Das Verbrennen aller Spindeln konnte Dornröschens Schicksal bekanntlich nicht verhindern. Doch zurück zum 12. 2. 1989: Es war ein warmer Februar, kein Schnee, und ich ging also in der Nähe des Grabens einen Weg entlang. Da raschelte etwas neben mit im Laub, ich blieb stehen und sah zu, was da geschah. Es war ein Maulwurf, der seine Nase aus dem Boden streckte. Der Boden ist da vom Wege aus ansteigend, so daß der Maulwurf hier ans Licht kam. Er drehte sich gleich wieder um und verschwand durch einen Gang (den er wohl gerade erst buddelte, aber in einem großen Tempo). Das war ein klassischer Angang, ein Zeichen. Der Maulwurf ist ein Seelentier der Erde und Unterwelt, ein Symbol für Hexen und Teufel und kann auch ein Todesomen sein. An den Teufel glauben Heiden nicht; es gibt zwar schädigende böse Geister und Unholde, aber einen gehörnten Oberteufel gibt es nicht. Satan war auch in der Bibel nur einer der 7 Erzengel, der die Menschen im Namen und Auftrag Gottes prüft. Und ein Todesfall gab es auch nicht in dieser Zeit. Somit war der Angang des Maulwurfes ein Zeichen der Erde; wie sich das konkret ausgewirkt hat, weiß ich nicht mehr, aber in der Reihe der Zeichen darf dieses Ereignis nicht fehlen.

Oft findet man Münzen auf dem Boden, die ein anderer Mensch verloren hat. Manche Menschen wähnen, es lohne sich nicht, sich wegen eines heruntergefallenen Pfennigs zu bücken und im Dreck danach zu suchen. Man könnte sie ja für geizig halten. Aber es gibt das Sprichwort „wer den Pfennig nicht ehrt, ist des Talers nicht wert". Ein gefundener Pfennig (oder 1-Cent) gil als Glückspfennig. Wenn man so einen sieht, dann will einem die spirituelle Welt glückliche Geldangelegenheiten verkünden. Auch andere Münzen bedeuten Glück, aber der Pfennig am meisten. Ich habe immer Glückspfennige aufgehoben und inzwischen eine große Sammlung davon. Fand ich in kurzen Zeitabständen mehrmals Glückspfennige, habe ich sogar Lotto gespielt, um meinerseits dem Glück die Chance zu geben, mich mit Reichtum zu bedenken. Wichtig aber: Wenn man eine Münze findet und aufhebt: Drei Mal darauf spucken! Sonst kann es Unglück geben, denn insbesondere Menschen aus Südosteuropa bannen auch Unglück oder Krankheiten an Münzen und werfen diese weg. Wer diese Münze dann nimmt, bekommt auch das Unglück oder die Krankheit. Man will leider die kleinen Münzen (1 und 2 ¢-Stücke) abschaffen, was bedeutet, daß es dann keine Glückspfennige (Glückscent) mehr geben wird.

Münzen eignen sich auch gut als Opfergaben an die Erde und Wesen darin wie z. B. Alben (Zwerge, Naturgeister). Von den Euro-Münzen sind übrigens nur die aus Messing geeignet; die kupferfarbenen sind für den Boden wegen ihrer Inhaltsstoffe schädigend. Am besten geeignet sind die 10 ¢-Stücke aus Italien, die das Portrait der Göttin Venus zeigen. Und natürlich sind Silbermünzen geeignet.

Als ich im Jahre 1988 in einer Reisegruppe von Heiden Island besuchte, waren die Straßen noch sehr schlecht, nur Schotterpisten, oft von kleineren oder größeren Wasserläufen unterbrochen. Wir haben an so einem Wasserlauf angehalten, stiegen aus, um zu sehen, ob unser Wohnmobil dort hindurch kommen könnte. Ich habe dann ein 50 Pfg.-Stück in das Wasser geworfen, um die Geister dazu zu bewegen, uns unbeschadet hindurchzulassen. Das hat immer geklappt. Vorbild war die Inschrift der englischen Runenringe mit der Übersetzung: „Bevor Unheil dich befalle, zahle den Zoll des Ringes". Man sollte einen derartigen Ring also niederlegen (opfern), um unbeschadet zu bleiben.

Im Berliner Moor „Langes Luch" war ich damals oft, weil es da sehr urtümlich aussieht und weil ich wußte, daß die Mädchen dort einst Osterwasser geschöpft hatten. Einmal waren wir, Mario und ich, mit einer Besucherin, Birke, dort, und wir opferten im Moor ein silbernes 10-*DM*-Stück. Unsere Besucherin, die sich selbst auch Heidin nannte, hielt uns offenbar für verrückt, daß wir das gute Geld einfach wegwerfen. Da kam der Unterschied von modernen Neuheiden und traditionellen Altheiden gut zu Vorschein.

In Thingvellir auf Island gibt es auch einen Wasserlauf mit einem Damm daneben. Der Sage nach geht ein Wunsch in Erfüllung, wenn man eine Münze in das Wasser wirft und sehen kann, wo sie unten zu liegen kommt. Es ist da 3-4 Mtr. tief. Im Sommer 2000 besuchten meine Frau Catrin und ich Island, und ich warf mehrere Silbermünzen in dieses Wasser. Silber schadet weder dem Wasser, noch dem Boden. Andere Menschen machen sich über die Giftigkeit von Münzen keine Gedanken, und heute ist es dort verboten, Münzen hineinzuwerfen.

Unsere Islandreise von Mittsommer 2000 war auch in verschiedener anderer Hinsicht von Bedeutung. Wir reisten mit dem Flugzeug und trugen dabei traditionelle Tracht, d. h. ich trug einen bodenlangen, bestickten weißen Leinenkittel und am Gürtel auch mein Messer (Klingenlänge 14 cm). Trotzdem gab es keinerlei Probleme an den Kontrollen der Flughäfen. Als wir über Reykjavík zur Landung ansetzten, es war der isländische Unabhängigkeitstag (17. 6.), gab es ein starkes Erdbeben (6,5). Einige Häuser stürzten ein, aber niemand kam zu Schaden, weil sich alle im Westen des Landes aufhielten, wo Wikingerschiffe ankamen und ein Markt und Museumsdorf war. Auf Island wird alle 100 Jahre ein größeres Erdbeben erwartet, aber dieses war genau am Nationalfeiertag. Dann waren wir gelandet und fuhren mit dem Bus nach Thingvellir, der alten heidnischen Thingstätte. Wir saßen vorne im Bus (auf der Bank rechts vom Fahrer) und konnten die Straße sehen. Vor uns in etwa 5 km Entfernung waren hohe Berge, rechts und links auch mit Schneegipfeln. Auf den Bergen direkt in unserer Fahrtrichtung lag kein Schnee, nur ein einzelnes Schneefeld. Es hatte nun aber genau die Form eines liegenden Hammers. Das war uns natürlich ein Zeichen des Hammergottes (Donar, Thor), der einst in Thingvellir der hauptverehrte Gott war. Wenn Heiden wie meine Frau und ich nun in einem Schneefeld einen Hammer sehen, dann wird man uns im schlimmsten Falle eine blühende Phantasie bescheinigen, mehr Bedeutung hat so etwas nicht. Allerdings sah auch der Busfahrer den Hammer, und auch er fand das eigenartig. Und der war sicher kein Heide.

Am Termin der Sommersonnenwende (Dienstag, 21. 6.) begannen wir unser Mittsommerfest, zu dem wir auch den isländischen Goden gebeten hatten, doch er hatte unseren Platz nicht gefunden. Irgendwelche Geister wollten ihn nicht dabeihaben. Wir befanden uns auf einem Platz oberhalb des Baches (der Axtá) und vor der Wand der Thingvellir-Schlucht. Da wir ein Feuer entzündet hatten, kamen bald ein junger Mann und eine dickliche Frau der Nationalparkverwaltung, um uns dazu zu bringen, das Feuer zu löschen. Wir sprachen den Merseburger Zauberspruch (für Befreiung) und beendeten den Kult, löschten das Feuer. Als die Frau auch noch sagte, sie habe die Polizei geholt, flüchteten wir über den Gletscher, der dort begann und den wir schon am Vortage besichtigt hatten. Der Mann von dem Park folgte uns. Wir versteckten uns im Gesteinsfeld oberhalb der Schlucht, niemand fand uns. Plötzlich gab es ein Erdbeben, 6,6 (im Netz fand ich die Angabe: 6,5, Epizentrum in Selfoss). Man hörte eine Flutwelle auf dem Thingvellir-See und die drei Polizeiautos, die im Tal wohl auf uns gewartet hatten, fuhren los. Sie hatten nun anderes zu tun als illegale Feuermacher zu verfolgen. Wir kamen unbeschadet zu unserem Zeltplatz im Garten eines Einfamilienhauses, welches in diesen Tagen unbewohnt war. Wie wir später erfuhren, gehörte es einer alten isländischen Komponistin, der Mutter einer Allthing-Abgeordneten. Der Garten lag tiefer, und so waren unsere drei Zelte nicht leicht zu sehen.
Für mich entscheidend war, daß das Erdbeben nur 55 Min. nach dem rechnerischen (kalendarischen) Sommersonnwendtermin stattgefunden hatte, nämlich 00:51:56. Der Sonnwendtermin war um

01:47 (Weltzeit). So etwas kann man nicht mehr mit „Zufall" erklären, Nationalfeiertag und dann Sommersonnenwende. Und dann wieder jahrelang kein Erdbeben (erst wieder 2008).

Ich weiß jetzt allerdings nicht, ob die Weltzeit mit der isländischen Zeit identisch ist und ob die Zeit des Erdbebens in mitteleuropäischer oder isländischer Zeit um 00:51 war, denn an dem Tage konnte ich mir das ja nicht aufschreiben. Möglicherweise liegen beide Ereignisse auch nur 5 Minuten auseinander.

Am nächsten Tage blieben wir bei unseren Zelten, denn wir befürchteten, daß man uns suchte, um uns wegen des Feuers zur Verantwortung zu ziehen. Wir bemerkten nur einen herumfliegenden Helikopter. Wir überlegten nun, ob wir an der isländischen Mittsommerfeier überhaupt teilnehmen sollten, da man uns dort ja leicht hätte finden und festnehmen können. Die Isländer feierten am Wochenende nach dem Sonnwendtermin. Am Vortage geschah dann ein weiteres Zeichen: Eine Ente kam genau von Süden zu unseren drei Zelten gegangen, umkreiste alle drei in einem exakten Kreis im Sonnenlauf (Uhrzeigersinn) um dann wieder am Südpunkt in der Richtung, wie sie gekommen war, zu gehen. Das war mir ein Zeichen des Schutzes (Schutzkreis) und der Geister des Ortes, die mir schon zuvor durch die Runen ihre Anerkennung mitgeteilt hatten. Also gingen wir zu der Feier, wo neben den isländischen Heiden und Journalisten auch der Parkwächter zu finden war. Nun, vor den Journalisten hätte man uns wohl kaum festgenommen. Wir erfuhren, daß uns der Hubschrauber gesucht hatte, da man damit gerechnet hatte, daß wir durch das Erdbeben in irgendeiner Felsspalte verunglückt waren.

Dann kam der Parkwächter (ein Mann um die 35 Jahre) zu mir und sagte, ich solle mitkommen. Er nahm mich in seinen Kleinlastwagen und fuhr los. Aber nicht zur Polizei fuhr er, sondern zu unserem Zeltplatz: Die Abgeordnete war nämlich in ihr Haus gekommen und fand dort unsere Zelte vor, die er nun wegschaffen sollte. Er half beim Aufladen meines Iglu-Zeltes und fuhr uns zum offiziellen Zeltplatz in der Nähe. Hier durften wir nun kostenlos bleiben. Auf der Fahrt machte er sich selbst Vorwürfe: Ob er unsere Feier gestört hätte. Er brachte offenbar das Erdbeben mit der Störung unserer Feier zusammen, d. h. die Götter könnte er erzürnt haben, so daß es zum Erdbeben kam. Mit so einer Haltung hatte ich natürlich nicht gerechnet. Ich beruhigte ihn, sagte, daß er letztendlich selbst ein Werkzeug der Götter gewesen ist, denn hätte er uns nicht vertrieben, wären wir vor der Felswand geblieben und einige dort heruntergefallene Steine hätten uns treffen können. Insofern ging alles seinen bestimmten Gang. Durch sein Erscheinen wurden wir also vor Schaden bewahrt.

Wir haben übrigens die Nähe der Götter und Wesenheiten zu den Menschen, wie sie hier zu spüren war, sehr vermißt, als wir wieder in Deutschland waren. Ja, ich gebe es zu, ich war sehr traurig. Es ist, wie wenn man gute Freunde verabschiedet, die auf eine lange Reise gehen, man ist traurig und weint auch manchmal. So eine Götternähe spüre ich hierzulande höchst selten. Unsere Überbevölkerung, Technik, Regelungssucht und auch die vielen Kriminellen vertreiben viele gute Wesenheiten. Unsere Sagen sind ja voll von Schilderungen, wo sich die Zwerge aus irgendeiner Gegend zurückziehen und einen Fährmann bitten, sie überzusetzen. Durch das rationale Denken, welches die Existenz von unsichtbaren Wesen leugnet, und die fehlenden Kulte geschieht genau das: Derartige Wesen ziehen sich zurück in die letzten verborgenen Orte.

Kapitel 10

Träume

Die spirituelle Welt kann sich uns durch Träume mitteilen. Dabei muß man unterscheiden: Ganz gewöhnliche Träume, in denen wir nur zuvor Erfahrenes aus unserem Unterbewußtsein verarbeiten, oder aber intensive und zukunftsbedeutende Träume. Träume aber benutzen Bilder, und diese Bilder sind symbolhafte Entsprechungen für Dinge.

Ich habe die Erfahrung gemacht, daß der Körper mithilfe von Traumbildern mit dem Verstand kommuniziert. Als ich Mitte 2001 einmal Magenschmerzen hatte, hatte ich drei Träume, die sich darauf bezogen: In dem einen Traum war ich am Strand eines Meeres. Aus dem Wasser ragten zwei Säulen wie die eines alten Tempels heraus, am Sandstrand, teils im Wasser, parkten Autos. Hier wollte ich nicht schwimmen und schwamm in sauberes Wasser. Die Säulen waren Symbole des Mageneinganges (Pförtner, Türpfosten), das Meer ist der Magen mit den Magensäuren, die Autos sind Bakterien (oder Pilze), jedenfalls Krankheitssymbole.

Im zweiten Traum war ich in der Küche unserer früheren Wohnung, da flogen zwei schwarze Fledermäuse auf, die heraus wollten, wobei ich ihnen half. Die Küche ist der Magen (Kochen, Essen), die Fledermäuse sind Bakterien, die den Magen nun verlassen wollen, was eine Besserung der Krankheit bedeutete.

Im dritten Traum war ich mit vielen Leuten (teils verwahrloste) im Zimmer eines netten Gerichtsvollzieher-Ehepaares. Von draußen schaute ein großer, dunkler Drachenwurm ins Zimmer, daher ging ich weg, um der Bedrohung durch den Wurm zu entkommen. Hier ist das Zimmer der Magen; der Gerichtsvollzieher ist der „Richter" über die Bakterien (die Leute im Zimmer). Der Wurm aber war der Schlauch der Endoskopie, die ich machen lassen wollte, dann aber absagte und später erst durchführen ließ. Mein Magen ging also mit den Bakterien ins Gericht und behielt die Oberhand, eine deutliche Besserung trat ein.

Oft sieht man im Traume auch irgendwelche ekligen Käfer, Schaben oder andere Tiere; das sind in der Regel Krankheitskeime und wenn man im Traum diese Käfer tötet, dann zeigt der Körper an, daß er die Krankheitskeime bekämpft. Es kommt auch darauf an, ob diese Krabbeltiere einen bedrohen oder harmlos herumlaufen, je nachdem wird es zum Ausbruch der Krankheit kommen.

Nachdem ich einmal gelernt hatte, daß sich der Körper auf diese Weise mitteilt, habe ich das genutzt, um nun meinerseits dem Körper Anweisungen zu geben. Wenn ich also spüre, daß eine Erkältung im Anmarsch ist, dann stelle ich mir gerade diese Käfer vor und stelle mir vor, wie ich sie töte (zerquetsche, erschlage oder verbrenne). Dann sollte der Körper seine Abwehrkräfte entsprechend einsetzen. Auf diese Idee bin ich gekommen, nachdem ich erfuhr, daß die Angehörigen eines nordamerikanischen Indianerstammes auf ähnliche Weise Krebs bekämpfen: Sie visualisieren sich den Kampf zwischen Indianern und Trappern und lassen die Indianer die Trapper besiegen. Die Indianer sind dabei die gesunden, krebsbekämpfenden Zellen, die Trapper aber die Krebszellen. Ich würde zwar andere Symbole benutzen, da man aus der Geschichte weiß, daß letztendlich die Indianer doch verloren hatten, aber der Grundgedanke ist richtig. Andere Symbole funktionieren genauso, z. B. auch meine Käfer. Dann könnte ich mir dazu Vögel vorstellen, die die Käfer wegpicken.

Mit Träumen kann man also Krankheiten, sogar Krebs, heilen. Die wirksamsten Bilder dazu sind natürlich die, die der eigene Körper selbst erzeugt hat. Wer also früher mal von Mäusescharen träumte, der sollte einen Kampf Katzen gegen Mäuse oder ähnlich visualisieren und die Katzen siegen lassen. Und das täglich wiederholen.

Interessant sind natürlich die zukunftbedeutenden Träume. Viele von uns haben schon solche Träume gehabt und man fragt sich dann immer, wie ein Ereignis Tage oder Wochen zuvor schon im Traum vorkommen kann. Ist alles unabänderlich vorherbestimmt, oder hängt es damit zusammen, daß die Zeit relativ ist?

Auch meine Frau und ich hatten schon zukunftbedeutende Träume. In den heiligen zwölf Nächten (von der Wintersonnenwende bis etwa 2. Januar) schreibe ich daher alle meine Träume auf, die nach altem Glauben für jeweils einen Monat des neuen Jahres vorbedeutend sind. Dabei finde ich tatsächlich oft Übereinstimmungen, aber nicht immer. Daß diese Träume besondere Träume sind, liegt auch daran, daß man ja die Zimmer in den zwölf Nächten jeden Abend ausräuchert. Den Geruch nimmt man im Schlaf wahr, und das bewirkt andere Träume, als die gewöhnlichen Verarbeitungsträume von Tageseindrücken. Aber auch ohne Räucherungen gibt es zukunftsbedeutende Träume.

In der Nacht zum 10. 9. 2001 träume meine Frau Catrin, daß sie orientalisch aussehende Jugendliche in einem Haus suchte, die ein schwarzes Schaf entführt hatten. Sie lief hoch auf das Flachdach des mehrstöckigen Hauses. Sie sah zwischen weiteren Häusern das Meer. Da kam ein großes altes Schiff mit vier Masten vom Meere auf den Hafen zugefahren, nicht bremsend, das rammte voll in die Häuser hinein; es gab eine Explosion und die Häuser gingen in Flammen auf. Das Feuer war gewaltig, die Flammen schlugen hoch in den Himmel hinein. Catrin flog darüber hinweg zum Meere.

Soweit der Traum. In diesem Traum, 36 Stunden vor den Anschlägen auf das World-Trade-Center in New York geträumt, ist genau dieser Anschlag der Inhalt. Das Schiff mit den vier Masten (eine Art Kogge) steht für die vier Flugzeuge der Anschläge (zwei schlugen in das World-Trade-Center ein, eines in das Pentagon, eines stürzte in der Nähe von Camp David ab); die dunklen Entführer des Schafes sind die Terroristen, die ja die Flugzeuge entführt hatten; das Meer findet sich bei New York und Washington nahe des Pentagons.

Der Traum benutzte alte, archaische Bilder (Kogge, Masten mit Segeln statt Flugzeugen), der Inhalt aber ist – wenn man die tatsächlichen Geschehnisse kennt – relativ nahe an den Ereignissen.

Schon Anfang 2001 (19. 1. 2001) hatte Catrin im Traum das Geschehen teilweise gesehen. Sie war im Traum auf einer Insel mit vielen Leuten, hinter ihnen floß ein Blutstrom auf sie zu. Sie liefen davon, um nicht damit in Berührung zu kommen, ein Teil von Catrins Ferse wurde benetzt, doch sie trat danach in Sand, der es abwusch. Das Blut war Symbol einer Seuche oder Pest. Sie liefen in ein Höhlengewölbe, einige der Leute flüchteten in einen darin befindlichen steinernen Turm mit Wendeltreppe, aus dem die Schreie der ihnen Vorangegangenen drangen. Es wirkte sehr unheimlich. Catrin hatte das Gefühl, der Turm würde erbeben, da fürchtete sie, er könne einstürzen und verließ ihn wieder. Sie lief aus den Gewölben hinaus ins Freie. Sie ging ans Ufer und schaute auf das Meer und sah das Festlandsufer mit den Lichtern des Hafens und einen großen Torbogen. Dahin wollte Catrin zurück. Es war inzwischen eine friedliche Stimmung eingetreten. Sie sah Wasserpolizei auf einem Floß am Inselufer und nahm sich vor, mit diesem Floß zurückzufahren. Catrin blickte hinter sich und sah neue Leute am andern Ende der Insel ankommen. Sie bedauerte das, da auch sie die Gefahren hier durchmachen müßten.

Hier ist nur der Turm mit den schrecklich schreienden Leuten, der einzustürzen drohte, ein Hinweis auf die Türme des World-Trade-Centers.

Wie kann man sich nun so eine zukunftsbedeutende Traumschau erklären? Sind die Gedanken der am Anschlag beteiligten Menschen irgendwie aufgefangen worden? Oder hat die spirituelle Welt, die ja die Planungen mitbekommen hatte, diese Gedanken gesendet? Aber wozu? Ohne den Namen der Stadt und so kurzfristig hätte nichts verhindert werden können. Ich hatte damals den Traum falsch gedeutet, hatte ihn auf eine Entzündung (Feuer) im Kopfe (Hochhaus) und einen Fahrradsturz (Schiff) gedeutet, weil ich das in dieser Nacht geträumt hatte. Hinterher aber ist man immer schlauer.

Ich hatte nämlich in derselben Nacht im Traume in der Nähe unseres Dorfes eine der Baumalleen, die es in jungen Kiefernmonokulturen gibt, wenn die Bäume in Reihen gepflanzt werden, gesehen. Durch diese etwa 1,50 Mtr. breite Allee ging ich und sah dort auch andere Pilzsammler. Die Allee lief weiter und wurde zu einem Korridor mit weißen Wänden und Räumen mit Menschen in irgendeinem Gebäude. Ich ging dann zurück und es war nicht mehr Wald, sondern ich befand mich in einer Kleinstadt.

Am Tage des 10. 9. waren Catrin und ich mit dem Fahrrad unterwegs um zur Stadt zu radeln. Kurz hinter der Baumallee, die ich im Traum gesehen hatte, wollte Catrin einem Ast ausweichen und stürzte mit ihrem Rade. Sie hatte Beulen und Platzwunden und wir fuhren gleich weiter nach Belzig ins Krankenhaus. Dort erkannte ich den langen, weißen Flur meines Traumes wieder.

Hier muß es sich doch wohl um ein vorbestimmtes Ereignis gehandelt haben, denn irgendwelche Gedanken anderer Menschen waren nicht beteiligt. Meine Frage ist nur, ob wir den Sturz hätten verhindern können, wenn ich den Traum rechtzeitig und richtig gedeutet hätte?

Ein Traum von mir war weniger bedeutend, dennoch zeigte er Zukünftiges: Am 22. 8. 1984 träumte ich, daß mein Bruder Andor und ich uns in den Flughafen Tempelhof einschlichen, wo es gerade eine Veranstaltung gab, nämlich einen Ball der Briten. Wir sahen uns die unterirdischen Anlagen an, mußten dann aber flüchten, da es ja verboten war.

Zehn Tage nach diesem Traum wurde ich als Kleindarsteller engagiert, ein britisches Filmteam drehte im Flughafen Tempelhof Szenen für den Spielfilm „Gotcha". Der Ort war derselbe wie im Traume; besonders fiel auf, daß im Traum wie in der Wirklichkeit nicht in der großen Abfertigungshalle gedreht wurde, die ich ja aus der Zeit meiner Kindheit von den Flügen her kannte. Es war vielmehr im Seiteneingang, den ich nicht kannte. Ich erfuhr von einem Hausmeister viel über die unterirdischen Gänge dort und ging übers Rollfeld, bis ich von Sicherheitsbeamten zurückgeholt wurde.

Der Rationalist in mir kann sich diesen Traum auch so erklären, daß irgendjemand vom Filmteam meinen Namen, Bilder oder Daten von mir hatte, als die Drehplanung entstand und ich muß dann diese Gedanken aufgefangen haben.

Ich vermute stark, daß es auch möglich ist, im Traum Teile eines früheren eigenen Lebens zu sehen. Ich hatte am 30. 7. 1984 so einen Traum gehabt, wo ich in einer wunderschönen Gründerzeitwohnung wohnte und eine Mutter hatte, die nicht meine heutige Mutter war. Auch verhielten sich alle aus dem Traum recht altmodisch.

Dann gibt es Träume, in denen etwas vorkommt, was ich im Wach-
bewußtsein gar nicht weiß. Am 11. 8. 1999 gab es eine Sonnenfinsternis und das „große Planetenkreuz" am Himmel. In der Nacht
zum 11. 8. träumte ich, daß ich in der Dorfkirche unseres Dorfes
war und der Pfarrerin half. Ich schrieb die Liednummern, die ge-
sungen werden sollten, an die Tafel. Ich erinnere mich dabei an das
Lied mit der Nummer 158. Natürlich habe ich, als ich aufgewacht
war, in meinem katholischen Liederbuch („Gotteslob") das Lied
mit der Nummer 158 herausgesucht, wenn ich schon davon träumte. Es hat den Text:

>*Lobpreiset all zu dieser Zeit /
wo Sonn' und Jahr sich wendet /
die Sonne der Gerechtigkeit /
die alle Nacht gewendet ...*«

Eigenartig, daß ich von einem Lied, in dem die Sonne erwähnt
wird, zur Sonnenfinsternis träumte, obwohl ich dieses Lied gar
nicht kannte. Da ich aber früher mal katholisch war, könnte ich
theoretisch dieses Lied irgendwann gehört haben. Nun ist die
Dorfkirche eigentlich seit der Reformation evangelisch, daher ist es
wohl unpassend, aus dem katholischen Gesangbuch das Lied 158
herauszusuchen. Jetzt, wo ich das hier schreibe, will ich auch mal
ins evangelische Liederbuch sehen, was da Nummer 158 ist:

>*O Christe, Morgensterne,
leucht und mit hellem Schein;
schein uns vons Himmels Throne an diesem dunklen Ort
mit deinem reinen Wort.*«

Scheint mir auch zu einer Sonnenfinsternis zu passen: Schein,
Leuchten und dunkler Ort.

Besonders wertvoll sind mir natürlich Träume, in denen Gottheiten oder mythologische Dinge vorkommen. Ich gehe nicht davon aus, daß es sich dabei um unbedeutende Verarbeitungen mythologischer Überlieferungen, die ich gelesen habe, handelt.

Am 26. 10. 1999 träumte ich, daß ich bei verschiedenen Leuten saß und vom Heidentum erzählte. Mein Freund Mario saß neben mir, doch die Leute hörten mir kaum zu oder glaubten mir nicht. Da erschien ein weißes Götterroß am Himmel. Sein Erscheinen bezeugte die Richtigkeit meiner Erzählungen, aber auch jetzt waren nicht alle Zweifler überzeugt. Das Roß war weißgrau, die Knochen waren auf dem Fell schwarz aufgemalt, ähnlich den Tierdarstellungen der prähistorischen Höhlenmalereien. Das Roß hatte nur drei Beine, hinten fehlte eines.

Der Traum zeigt mein vergebliches Bemühen, für das Heidentum zu werben, obwohl dessen Richtigkeit erwiesen ist, die Menschen sind dazu nicht bereit. Und das dreibeinige Roß wird tatsächlich in volkskundlichen Überlieferungen erwähnt: Mythische Rosse haben oft nur drei Beine. Allerdings werde ich diese Volksüberlieferungen schon gekannt haben, als ich diesen Traum träumte. Somit kann es ein Zugriff auf mein Unterbewußtsein gewesen sein.

In einem anderen Traum, geträumt in der Nacht zum 9. 1. 2004 zeigte sich mir ein besonderes Wesen. Meine Mutter, Catrin und ich saßen im Walde und sahen einen seltenen Raubvogel. Während meine Mutter ihn mit ihrem Fernrohr betrachtete, ging ich näher heran und verband mich gedanklich mit dem Vogel. Da bemerkte ich, daß er einen weiblichen menschlichen Oberkörper mit Brüsten und Kopf hatte, außerdem weiße Federn, aber eine krumme, schnabelförmige Nase. Das Wesen war mir wohlgesonnen.
Heute deute ich diesen Vogel als eine Art Valkyre oder „Vogel-Völva", eine Ähnlichkeit mit dem Vogel Phönix besteht auch.

In einem Traum zum Montag, 7. 3. 2016 sah ich Geistwesen und auch zwei Alben, die menschengestaltig und je ca. 30 cm groß waren.

Vor Gottheiten träume ich auch zuweilen, doch nicht sehr häufig. Auch meine Frau träumt von Gottheiten, doch will sie ihre Träume nicht bekannt machen, was ich nachvollziehen kann und richtig finde. Nur muß ich wohl eine Ausnahme machen, um Ihnen, liebe Leser, auch aufzuzeigen, daß auf diese Weise ein Wahrnehmen von Gottheiten oder sogar Kommunikation mit ihnen möglich ist.

In einem Traum vom 18. 8. 1984 zeigte mir eine alte Frau, sicher eine Göttin, eine besondere Rune, die „Wodanat" hieß. Ich kann und will dieses Zeichen hier nicht wiedergeben, da es persönlich ist. Daß diese alte Frau die Göttin Fria (Frigg) war, nehme ich an, da Sie sich so zeigen kann. Schon vor Jahren hatte ich von Ihr geträumt, leider hatte ich mir damals den Traum nicht aufgeschrieben. Es war im Walde am Hohen Meisner, da stand die Göttin in einer Gruppe von Personen (wohl auch Gottheiten). Ich war da auch, und Sie nahm ein Schwert und hieb leicht mitten auf meinen Kopf. Aber ich starb nicht daran und die Göttin war auch in keiner Weise feindlich eingestellt. Der Traum war ein Initiationstraum, wie er aus dem Schamanismus bekannt ist.

In der Nacht zum 21. 10. 2002 träumte ich, daß eine hübsche junge Frau sagte, Sie wolle das bevorstehende Fest nicht – wie anfangs geplant – in Schweden feiern bzw. daß wir es in Schweden zelebrieren. Diese Frau war die Göttin Frowa (Freyja) selbst! Ich fragte Sie, welchen Sinn es hätte, Sie anzurufen, wenn Sie doch schon neben mir steht.
Heute denke ich, daß die Göttin mir hier Ihre Anwesenheit im nächsten Fest (Winternacht) angekündigt hatte und daß Sie nicht in

Schweden (bei schwedischen Heiden) sein wolle. Es war auch eine Offenbarung und besondere Gunst der Frowa an mich, daß ich Sie einmal neben mir sehen durfte.

Von Frowa träumte ich auch in der Nacht zum 30. 3. 2019. Sie schaute durchs Fenster in mein Zimmer, ich war noch im Bett, konnte Sie nicht genau erkennen, aber Sie trug viele Perlen in Reihen um den Hals. Sie hatte Tiere, die Sie uns übertragen wollte. Ich öffnete die Haustür, da war Sie inmitten vieler Tiere, darunter zwei Frettchen, vier Murkchen, eines davon in schwarz-weiß; es sah aus wie unser verstorbener Hoppel. Alle wohnten im Garten.
Diese Tiere der Göttin (es sind alles Ihr geweihte Tiere) stellen wahrscheinlich Hilfsgeister dar, die uns die Göttin gesandt hat.

In der Nacht zum Dienstag, den 7. 1. 2020 träumte ich, daß ich in der Unterwelt war und die Frühlingsgöttin traf, die dort ein Halbjahr war, um dann das andere Halbjahr heraufzukommen um den Frühling auf die Erde zu bringen.

Etwa ein Jahr nach dem ersten Frowa-Traum, in der Nacht zum 14. 10. 2003 träumte ich, daß andere Leute und ich mit Donar (Thor) redeten, der sehr gebildet und freundlich erschien; ich wußte, daß es Donar ist, sprach das aber aus Respekt nicht an.
Hier erscheint der Gott Donar nicht so, wie Er in den Mythen geschildert wird, die sich auf Ihn als Kämpfer und Kraftgott beziehen. Umso wertvoller ist mir dieser Traum, da er nach meiner Meinung viel näher an dem echten, wirklichen Gott Donar steht, als die Mythen-Überlieferung.

In der Nacht zum Montag, den 30. 5. 2016 träumte ich, daß ich in den Bergen zum Wandern war, da war auch der Gott Donar. Er war sehr gütig und hilfsbereit. Auch andere Menschen waren da, die Seine Hilfe erhielten. Aber Er machte klar, Er wollte nicht beleidigt werden und Objekt für Witze sein, dann würde Er zornig werden.

Dies bezieht sich sicher auf Neoheiden, die oft Witze über Gottheiten machen oder über sie respektlos sprechen.

Im Traum zum 8. 12. 2016 bastelte ich um ein Grab eine Einfassung, neben mir tat Donar dasselbe. Auf der anderen Seite machten das zwei junge Frauen, doch sie bauten die Einfassungen quer und machten dabei meine Arbeit teilweise kaputt, so daß ich es wieder richten mußte. Die Frauen waren leichtlebig und hinter Wodan her, der alle Arbeiten begutachtete und meine lobte. Die Absichten der Frauen erkannte Er aber.

Schon am 30. 12. 2014 hatte ich von Wodan geträumt, der anwesend war und auch in einem Menschen und im Walde war.

Meinen frühesten Traum (vermutlich nach 1995) von Wodan hatte ich leider auch nicht aufgeschrieben, da war Er im Walde, auch Seine Vögel (Habichte oder Raben) und Er war freundlich zu mir. Da gab es auch Brombeeren. An mehr erinnere ich mich leider nicht mehr.

Catrin träumte am 21. 3. 2000 von Wodan und fragte Ihn, ob die Geschichten in der Edda wahr seien. Er sagte ihr, man müsse sie im kosmischen Zusammenhange sehen.

Nun wird jeder, der mich kennt mit Recht anmerken, daß ich mich ja tagtäglich mit der germanischen Mythologie befasse und in dieser Gedankenwelt zuhause bin, so daß es also zu erwarten ist, daß ich auch von Gottheiten träume. Allerdings haben die Gottheiten, wie Sie sich in meinen Träumen offenbaren, ein Wesen, das anders erscheint, als in den Mythen. Das wäre dann ungewöhnlich.

Den Beweis (er ist nur für mich Beweis, denn meine Angaben kann man ja nicht objektiv nachprüfen), daß sich mythologische Wesen, und Gottheiten tatsächlich in Träumen zeigen und es sich nicht um eine bloße Verarbeitung von Tagesereignissen handelt, erhielt ich durch meinen Bruder Andor.

Als er 1979 sein Abitur gemacht hatte, wollte er Medizin studieren, doch gab es dort eine längere Wartezeit. So beschloß er, vorerst eine Ausbildung als MTA (Medizinisch-Technischer Assistent) zu machen; allerdings hatte er sämtliche Anmeldungsfristen versäumt. Optimistisch ging er zum Leiter der Schule und sprach mit ihm persönlich. Dieser sagte dann sinngemäß: „Wissen Sie, ich werde Sie einfach noch mit in die Ausbildung nehmen". So konnte mein Bruder diese für das Medizinstudium sinnvolle Ausbildung beginnen. Er erzählte mir nun von einem Traum, den er in der folgenden Nacht hatte. Er saß wie in einem Gerichtssaal vor einem Podest, hinter dem drei Frauen saßen, die er nur schemenhaft als Umrisse wahrnahm. Sie sagten: „Wir haben Dir heute geholfen, wir hoffen, daß Du Dich unserer Hilfe würdig erweist". Mein Bruder ist kein Heide, kennt weder die Namen der Götter, noch andere mythologische Personen. Aber unzweifelhaft waren das die drei Nornen (Schicksalsfrauen), die sich ihm hier im Traum gezeigt hatten und die ihm offenbar geholfen hatten, diesen Ausbildungsplatz zu erhalten. Dieser Traum meines Bruders ist umso wertvoller, als natürlich jeder Mensch sagen kann, daß ich von Gottheiten träume, weil ich mich mit der Thematik ja intensiv befasse. Auf meinen Bruder aber trifft dies eben nicht zu, so daß dieser Traum mir auch als Beweis für die Existenz dieser Wesen gilt. Und er zeigt auf, daß nicht jede Einzelheit des Schicksals von Anfang an festgelegt ist und daß die Nornen das Schicksal eingreifend lenken.

Auch meine Frau Catrin träumte im Alter von 16 Jahren von den drei alten Frauen. Sie saßen auf einem Hausdach, kicherten und sagten Catrin etwas über ihre Bestimmung. Catrin kannte damals die Nornen auch noch nicht, doch hatte sie schon mit 10 Jahren Schwabs „Sagen des klassischen Altertums" gelesen; und die drei Schicksalsfrauen kommen auch in der griechischen und römischen Mythologie vor, allerdings in den Nacherzählungen wohl nicht.

In einem anderen Traum, viel später geträumt, ging sie in ein Haus, in dem unten die Norne Skuld saß und ihr die Aufnahme von Kräften durch Runenstellungen erklärte. Im Mittelgeschoß war die Norne Werdandi, im Obergeschoß Urd. Urd saß an einer Wiege und schaukelte diese. In der Wiege aber lag ein alter, kleiner Mann, der gerade starb. Hier war also Urd die Norne des Todes.

Als im Mai 1986 in Czernobyl (der Name bedeutet „des Gehörnten Bühl") der große Atomunfall war, waren wir alle sehr besorgt. Meine Schwester erzählte mir dabei den folgenden Traum. Sie sah eine alte Frau daherkommen, die vor sich ein Tablett trug, auf dem in Wasser Embryos waren. Meine Schwester fragte sie und erhielt die Antwort: „Die werden wohl nichts mehr werden". Dann ging die alte Frau weg und meine Schwester wußte, daß sie diese Embryos ins Meer schütten werde.

Natürlich ist die alte Frau die Frau Holle und damit die höchste Göttin, Fria (Frigg). Aber meine Schwester kannte die Götter gar nicht, und von Frau Holle wußte sie auch nicht mehr, als jeder Märchenleser, der das Märchen von Frau Holle kennt. Für meine Schwester war es nur eine alte Frau. Nur im alten Volksglauben ist Frau Holle auch Bringerin der Kinder. Diesen Glauben aber kannte meine Schwester gar nicht. Auch dies ist ein Beispiel, daß sich Gottheiten im Traum auch bei Menschen zeigen können, die sie gar nicht kennen.

Auch meine Frau träumte von Frau Holle, und zwar 1997. Ein Lapislazuli-Stein führte sie in einen China-Laden, wo die Frau Holle mit weißen, zu einem Dutt gebundenen Haaren saß.

Interessant ist, daß Menschen zwar von heidnischen Gottheiten träumen, aber fast nie von Jesus oder christlichen Figuren.

Ich kenne einige Heiden, die auch schon von Gottheiten geträumt haben (oder das jedenfalls vorgaben), so Eric, der von Donar geträumt hatte, wobei Donar in seinem Traum keinen Bart trug, Simone, die von Frowa geträumt haben will oder Sigrun und viele andere.

Kapitel 11

Odkraft

Es gibt eine Energie oder Kraft, für die wir eigentlich gar keinen Namen haben. Wissenschaftler sprachen von „Orenda", einem Begriff der Indianer für die übernatürlich wirkende Kraft in Menschen, Tieren und Dingen; Esoteriker von „Od" oder „Odkraft". Unsere Vorfahren nannten diese Kraft vielleicht „Megin" (altnordisch megin = übernatürliche Kraft, Stärke). „Od" (von altnord. óðr = Gefühl, Wut, Sinn, Seelenleben) ist eine Bezeichnung, die der deutsche Chemiker und Naturphilosoph C. L. v. Reichenbach (1780-1869) für die vom menschlichen Körper ausgestrahlte, das Leben lenkende Kraft prägte. Óðr ist auch eine Gottheit, der Ehemann von Frowa (Freyja) und vielleicht mit Hœnir identisch. Egal welche Bezeichnung man auch immer wählt, diese Kraft ist in allen Dingen vorhanden, also im Menschen, im Tiere, in Pflanzen, Steinen, Mineralen, im Wasser, in den Sternen, sogar Geistwesen enthalten diese Odkraft. Eigentlich ist unsere Materie nichts anderes als verdichtete Odkraft. Die Odkraft ist überall da, wo auch Geist ist, also in allen Dingen unserer Natur. Mit dieser Odkraft steuert auch der Geist den Körper, der Odstrom wird durch das Blut im Körper geleitet. Das körperliche Od wird aus den Nahrungsstoffen (Speise, Luft, Wasser) gewonnen, die der Körper in sich aufnimmt. Das Od in den Nahrungsmitteln kommt von der Erde, die eine eigene Odmischung und Odstrahlung aufweist. Dazu nimmt die Erde auch die Odstrahlung all der Himmelskörper auf, die sich in ihrem Bereich befinden. Jeder der Himmelskörper hat eine eigenes Od, welches in dieser Art und Mischung nirgendwo anders vorkommt. Jede Odart und Odmischung hat eine ganz eigene, individuelle Kraftwirkung.

Das Od der verschiedenen Wesen unterscheidet sich nach Art, Rasse und Individuum, denn es gibt unterschiedlichste Arten und Kräfte von Od, die jeweils in anderen Verhältnissen gemischt sind. Deswegen gibt es nicht zwei Menschen auf der Welt, die dieselbe Odmischung aufweisen; auch bei den Tieren, Pflanzen usw. ist es ebenso.

Wenn ein Kind zur Welt kommt, wird sein körperliches Od aufgebaut, indem die gerade vorherrschende Odart und -mischung zum Tragen kommt. Im Augenblick nach der Geburt, wenn gerade die Seele in den materiellen Körper des Neugeborenen eintritt und dort den ersten Atemzug nimmt, wird mithilfe des gerade verfügbaren Ods das Körperkraftfeld, die „Aura" (lat. „Hauch, Luft, Atem, Leben, Wirkungskraft") gebildet. Dieses Kraftfeld ist noch sehr schwach und hält wie ein Magnetfeld die Seele mit dem Geistkörper im materiellen Körper fest. Da das Od, welches den Körper durchströmt, noch darüberhinaus strahlt, entsteht eine Umstrahlung, eben die Aura. Alle Wesen einschließlich der Himmelskörper haben eine Aura. Diese Aura wurde früher auf Heiligenbildern auch dargestellt als eine Aureole (lat. Aureolus, „golden, schön, herrlich") um die ganze Figur. Später reduzierte man diese Darstellung allein auf eine Aura um das Haupt der Figur, den sog. „Heiligenschein". Aber das Jesuskind in der Krippe wird traditionell meist noch heute mit es ganz umgebender Aureole dargestellt.

Die individuelle Odart bestimmt nun auch den Charakter des Neugeborenen. Alle Körper der Lebewesen der Erde sind verdichtetes Od, welches von der Odstrahlung der Erde und der sie umgebenden Himmelskörper in individuell wechselnden Anteilen stammt. Jede Aura hat eine bestimmte Schwingung. Diese Schwingung kann hoch oder niedrig (hell oder dunkel) sein, je nach Entwicklungsstand der Seele; und jede Aura hat wie erwähnt eine individuelle Od-Zusammensetzung. Denn sie wird ja direkt nach der Geburt aus den verfügbaren Odsorten gebildet; und diese Sorten werden von den Himmelskörpern und der Erde abgestrahlt. Wenn gerade bestimmte Planeten nicht am Himmel stehen (d. h. unterhalb des Horizontes nicht zu sehen sind), wird die Aura sehr wenig von deren Odsorten umfassen, dafür aber mehr von den vorhandenen Sorten beinhalten. Auch die Erde als Himmelskörper gibt Od ab, hier unterscheiden sich die Odsorten je nach Jahreszeit und Geburtsregion, denn die Erde ist ja nicht überall auf der Welt identisch.

Die verschiedenen Odsorten kann man also mit den Planeten und Tierkreiszeichen zusammenbringen; und nun wird auch klar, wie die Astrologie ursprünglich erklärt wurde: Die Astrologen errechnen, wieviel „Kraft" der Horoskopeigner jeweils von den einzelnen Planeten und Zeichen in seinem Horoskop hat, und da jede „Kraft" (eigentlich: „Odsorte") je eine spezielle Wirkung hat, kann vom Geburtshoroskop aus auf charakterliche Anlagen oder Schwächen geschlossen werden. Hat also ein Mensch in seinem Horoskop einen starkgestellten Jupiter, dann bedeutet das, daß seine Aura viel von der Odsorte des Jupiter aufweist und er daher im Leben Glück und Erfolg haben wird – dafür steht der Jupiter und seine Odsorte. Menschen mit der Odsorte des Saturn im Übermaße werden eher unglücklich werden. Aber auch hier gilt: Das System ist nicht willkürlich, denn die Geburt wird von den spirituellen Wesen so lange hinausgezögert oder beschleunigt, bis eben genau die Odsorte gerade vorhanden ist, die dem jeweiligen Karma des Kindes entspricht.

Der materielle Körper ist also verdichtetes Od; dann gibt es das weniger verdichtete Od der körperlichen Lebenskraft, und es gibt das Od des Geistes. Der Geist kann mit seinem Willen oder seiner Hoffnung die bei Krankheit geschwächte körperliche Odkraft stärken, und es kommt zu wissenschaftlich unerklärlichen Heilungen. Ein starker Wille, Mut, Hoffnung, Vertrauen und Freude sind Mittel, die das Od des Körpers stärken und so den Menschen vor Krankheitskeimen schützen.

Das Od kann auch vom Mensch zu Mensch übertragen werden, auch auf Tiere und Pflanzen. Umgekehrt können Minerale (z. B. Edelsteine), Pflanzen oder Tiere, die Od abstrahlen, das Od des Menschen stärken. Allerdings muß dieses Od zum eigenen Od passen, wenn eine stärkende und heilende Wirkung erzielt werden soll.

Das Od unterliegt einer Schwingung; und jedes Denken, Wollen, jedes Gefühl, jedes seelische Empfinden wird durch Schwingungen des Od hervorgerufen. Wenn die Schwingungen des Od harmonisch sind, bedeutet das Gesundheit, Freude, Glück und Friede, während Disharmonie der Schwingungen Krankheit, Schmerz, Unglück bedeuten. Deswegen ist es Aufgabe jeden Wesens, die Disharmonie zu beseitigen.

Da wir täglich anderen Menschen begegnen, auch Tieren, oder von Mineralen umgeben sind, nehmen wir unbewußt auch jeweils die andere Odmischung des Wesens auf. So bekommen wir indirekt auch mit, was dem anderen Wesen vielleicht fehlt (Krankheiten), was es denkt oder mit was es sich gerade befaßt. Deswegen können Hellseher ihren Kunden Dinge mitteilen, die tatsächlich auch eintreten werden oder schon eingetreten sind. Und so erklärt sich auch, daß man manche Menschen grundlos nicht leiden kann, andere aber sympathisch findet. Denn die Unterschiede der Odmischungen müssen nicht immer zusammenpassen. Jedes individuelle

Od hat sozusagen seinen Odgeruch, den man mögen oder ablehnen kann. Hunde können den Odgeruch eines Menschen erschnüffeln und finden so z. B. die Odspur eines Verbrechers.

Für uns ist wichtig zu erkennen, daß sich gleiche oder ähnliche Schwingungen der Auren anziehen, während unterschiedliche sich eher meiden. Man kann auch sagen: „Gleiches zieht Gleiches an". Man sucht sich also seine Freunde unter den Personen, bei denen man eine schwingungsmäßige Übereinstimmung spürt – das tun wir übrigens ganz unbewußt. Wir sehen irgendwo einen Menschen und finden ihn sympathisch, ohne daß wir wissen, warum er uns denn sympathisch ist. Daß es eine ähnliche Schwingung ist, ist uns meist nicht bewußt. Oder wir sehen einen Menschen, der uns auf Anhieb unsympathisch ist, ohne daß er uns dafür einen Grund geliefert hat.

So werden wir feststellen, daß unsere Freunde uns schwingungsmäßig alle ähnlich sind. Es heißt, was man denkt, zieht man an, wie man denkt, das zieht entsprechende Menschen an, die auch so denken. Und genauso ist es nun mit unbelebten Gegenständen, mit Orten, Regionen usw. Denn auch die ganze Natur hat ihre Schwingungen, alle Tiere, Pflanzen und Mineralien verfügen auch über Odkraft, und wir fühlen uns da wohl, wo diese Odkraft unserer eigenen am besten entspricht.

Das „Gesetz der Resonanz" besagt, daß gleichgelagerte Od-Schwingungen sich anziehen; Gleiches zieht Gleiches an. Jeder Gedanke, den wir denken, jedes Gefühl, das wir fühlen, zieht ähnliche oder gleichartige Gedanken und Gefühle an. Es reicht bereits aus, daß wir etwas aufmerksam betrachten. Dies erzeugt Gedanken und jeder Gedanke ruft entsprechende Gefühle und Schwingungsmuster unseres Ods hervor. Alle Gedanken, Gefühle und Wünsche erzeugen Schwingungen, die sich von dem Menschen, der sie erzeugte, auf die Außenwelt übertragen und dort Veränderungen bewirken, ob es der Mensch wahrnimmt oder nicht, ob er sich dessen bewußt ist oder nicht. Durch gezielte Ausrichtung der Aufmerksamkeit können so Wünsche und Vorstellungen realisiert werden.

Von Seiten der Disen (Geistern) wird gelehrt, daß eine Verdichtung des Odes besonders bei Dunkelheit und Kälte funktioniert, während bei Licht und Wärme dazu zuviel Kraft benötigt wird. Das erklärt mir, warum die heidnischen Feste abends beginnen, wo es dunkel wird und kühl. Denn die Menschen erbitten ja ein Eingreifen der Gottheiten bis hin zum Hören von direkten Stimmen und regelrechten Erscheinungen (Materialisationen), was eben durch Verdichtung von Kraft (Od) in die Materie hinein geschieht, wenn etwa ein geweihter Kulttrank mit derartiger Odkraft versehen, oder wenn Opferspeise odisch aufgewertet wird. Und die Feste finden an Kraftorten statt, wo die Odkraft der Erde, der Bäume usw. viel stärker vorhanden ist als andernorts. Materialisationen von spirituellen Wesen in der Weise, daß wir sie erscheinen sehen, erfolgen durch Verdichtung von dem Od dieser Wesen und erfordern viel Kraft – mehr, als heutige Menschen aufzubringen vermögen. Daher die Dunkelheit und Kälte (also auch der Winter als Zeit der Geistererscheinungen, z. B. der „Wilden Jagd"), daher die Kraftorte, daher die gefaßten Kreise der Festteilnehmer.

Auch Zauberer nutzen die Odkraft, lassen sie durch ihre Hilfsgeister verstärken, um ihre Zauber wirken zu können.

Die Odkraft ist es, die Wodan Seinen Männern durch Handauflegen überträgt (Ynglinga Saga). Sie ist es, die durch Sigrdrifas „heilende Hände" strömt (Sigrdrifumál). Sie erklärt, warum die Germanen laut Tacitus ihre Toten nur mit ganz bestimmten Holzarten (und damit Odarten) verbrannten (Germania 27); und sie ist es, die in der Edda „megin" (Háv. 137; Sd. 5; Gðr. II, 21) genannt wird.

Mit diesem Wissen können wir nun natürlich eigene Defizite ausgleichen. Ein Mensch, der mehr Erfolg und Glück haben will, dem fehlt vielleicht die Jupiter-Odkraft. Also kann er alles tun, um diese Kraft bei sich zu verstärken, indem er sich an Orte begibt und das zu Zeiten tut, wo Jupiter gerade stark herrscht, oder indem er einen dem Jupiter geweihten Edelstein trägt oder Jupiter-Mantras singt und sich bewußt dieser Kraft öffnet.

Auch wenn man die Runenzeichen mit dem Körper nachstellt, den Runennamen singt und dazu auch den passenden Ton verwendet, nimmt man entsprechendes Od auf, was einen stärkt und was man auf andere Menschen übertragen kann, um sie zu stärken oder zu heilen. Auf dem zweiten Goldhorn von Gallehus sitzen oder stehen Menschen in Form von Runen und diese Runen können auch als Satz gelesen werden.
Von Mellie Uyldert habe ich den Hinweis, daß man sich hüten sollte, zuviel Kraft aufzunehmen, z. B. duch Runen oder in Heiligtümern (Kraftorten), denn wenn man diese Kraft nicht weitergibt, dann kann es zu Krebs kommen.

Als ich im Jahre 1983 auf dem Berliner Havelberg im Grunewald war und gerade Runen nachstellte und sang, kam eine Gruppe von Waldläufern vorbei und die Leute blickten mich erstaunt an. Leider weiß ich nicht, was sie in dem Augenblick dachten.
Als ich einmal oberhalb des Ortes Warstein auf dem Berge stand, der in einer Felswand steil nach unten abfiel, und mit ausgebreiteten Armen Runen und Eddalieder sang, versammelten sich unten am Fuße des Berges Menschen. Ich glaubte, daß sie mir zuhören wollen. Von hinten näherte sich mir derweil ein Mann und bat

mich, mich zu ihm auf eine Bank zu setzen, was ich tat. Er fragte mich aus, was ich denn da täte und ich erzählte ihm alles. Dann gab er sich zu erkennen, er sei ein Sanitäter; etwas weiter entfernt stehe sein Krankenwagen, und auch die Polizei war da. Man hatte gedacht, ich wolle mich von der Felswand herunterstürzen und sei ein Geisteskranker. Die Polizei überprüfte mich und nachdem nichts Negatives zu finden war, durfte ich weitermachen. Die Leute unten am Berge hatten gehofft, daß ich springen werde und glaubten, mein weißes Gewand sei schon als Leichentuch gedacht. So gingen sie enttäuscht wieder ihrer Wege; das erwartete Schauspiel blieb aus.

In Asien spricht man von einer bestimmten Energie, der „Lebensenergie" oder dem Chi (auch: Qi, Ki). Chi bedeutet „Energie, Atem, Luft, Hauch, Äther, Fluidum, Kraft, Atmosphäre, Gas oder Dampf". Diese Energie soll möglichst bei uns bleiben und uns stärken. Der Begriff hängt mit unserem Od zusammen, hat aber auch eine Verbindung zur Gedankenkraft. Es gibt dort hochbezahlte und angesehene „Feng Shui" (= Wind, Wasser) Meister, die vor jedem größeren Bauprojekt befragt werden oder die gerufen werden, wenn sich in vorhandenen Gebäuden energetische Schwierigkeiten zeigen, wenn Menschen dort häufiger krank werden oder Unglück und Mißerfolg herrschen. Bei uns hingegen sieht man oft Gebäude, die völlig gegen jegliche Feng Shui-Regeln errichtet wurden und die somit ihren Bewohnern kein Glück bringen können.

Nach den Regeln des Feng Shui soll die Energie in die Wohnung gelangen, aber dort nicht gleich wieder heraustreten, sondern sich sammeln. Man achtet z. B. darauf, daß die Eingangstür in einer bestimmten Richtung liegt und nicht gleich gegenüber ein Fenster oder eine Gartentüre liegt, wo dann die Energie gleich wieder heraustreten würde. Man stellt die Möbel so um, daß sich die Energie dort sammelt, und jede Ecke eines Raums unterliegt einem bestimmten Element. So wäre es z. B. falsch, den Kühlschrank in der Küche auf die südliche Raumseite zu stellen, wo das Element des Feuers herrscht. Deswegen habe ich den Kühlschrank in unserer Küche umgestellt und auch meinen Arbeitstisch anders ausgerichtet. Ursprünglich sollten mit Feng Shui die Geister der Luft und des Wassers geneigt gemacht werden.

Ich kann und will hier nicht die zahlreichen Regeln des Feng Shui erläutern, es reicht, wenn man einmal weiß, was das eigentlich ist. In Indien gibt es dies übrigens unter dem Namen Vastu Vidya, und auch bei den Germanen waren ähnliche Regeln offenbar bekannt, denn man baute die Häuser in Windrichtung (Ost-West) und setzte die Eingangstüren in die Südseite und auch die Anordnung der Sitze im Innern war festgelegt. Man kannte eine Zuordnung von Gottheiten zu den Himmelsrichtungen und damit auch zu den Elementen (Norden: Erde, Osten Luft, Süden: Feuer, Westen: Wasser), und Rutengänger halfen mit, die idealen Plätze für die Betten zu finden oder Wasseradern zu entdecken. Aber natürlich sind keine Regelsammlungen darüber erhalten.

Allgemein gilt der Satz, daß Energie der Aufmerksamkeit folgt. Wenn wir unsere Aufmerksamkeit also auf bestimmte Personen oder Dinge lenken, stärken wir sie damit mit spiritueller Energie. Wenn wir uns lange gedanklich mit einem Gegner befassen, bauen wir ihn energetisch wie einen Popanz auf und stärken ihn, was wir doch eigentlich gar nicht wollten.

Eine der wichtigsten spirituellen oder hermetischen Lehren ist, daß das All geistiger Natur ist. Das All ist Geist, das Universum ist geistig. Die Materie ist verdichteter Geist. Dieser Geist ist das Od, und in der geistigen, feinstofflichen (nichtmateriellen) Welt wirken die Wesenheiten, die wir Götter und Geister (Disen, Engel) nennen. Sie formen und gestalten aus dem Feinstoff die himmlischen Welten, und dort, wo die Götter nicht sind, wo die Gegenkräfte herrschen, ist der Feinstoff zur Materie verdichtet.

Kapitel 12

Schutz und Vertrauen

Eine wichtige heidnische Regel ist das Vertrauen auf die Götter. Die Isländer nannten die heidnische Religion daher „ásatrú", was „asengläubig" heißt, aber „trúar" ist auch mit unserem Begriff „Treue, Vertrauen" etymologisch verwandt. Wir sollen also an die Götter glauben und Ihnen vertrauen; wir sollen davon ausgehen, daß nur das geschieht, was geschehen soll und was im großen System zum Lernen und für die Gesamtentwicklung nötig ist.

Ich versuche, diesen Gedanken zu verinnerlichen und hinter den Geschehnissen in der Welt den höheren Sinn zu erkennen. Aktuell ist gerade von China ausgehend das Coronavirus ausgebrochen, und täglich steigt sowohl die Zahl der Infizierten als auch die der Verstorbenen, trotz der Bemühungen, ganze Städte abzuriegeln, um ein Weiterverbreiten des Virus zu verhindern. Die ganze Welt hat nun Angst davor, daß sich das Virus auch bei ihnen weiter ausbreitet; in den meisten Ländern gibt es bereits Infizierte und Tote. Wo bleibt also der Schutz der Götter für diese Menschen?

Als Heide darf man diese Angst nicht haben, denn Angst ist ein Ausdruck des mangelnden Vertrauens zu den Göttern. Angst schützt uns nicht und gegen die Entscheidungen der Schicksalsmächte hilft uns auch kein Verkriechen im Bunker. Der König im Märchen Dornröschen glaubte, das Schicksal abwenden zu können, indem er alle Spindeln im Lande verbrennen ließ – vergeblich. Wem es bestimmt ist, der stirbt, sei es am Coronavirus oder an einer anderen Ursache. Allerdings verlangen die Götter von uns auch, daß wir unsern Verstand einsetzen und uns vor Gefahren auch selbst schützen. Als Heide mache ich mir aber auch Gedanken darüber, warum China nun durch dieses Virus so geplagt wird. Alle Geschehnisse sollen doch einen höheren Sinn haben, also wo liegt der Sinn in dem Vordringen einer Krankheit, vor der die Menschen Angst haben?

Die Krankheit entstand auf einem Markt in der Stadt Wuhan. Auf diesem Markt wurden gefangene Wildtiere lebend verkauft. Das sind nicht nur Hühner und Enten, sondern auch Ratten, Schlangen, Murkchen (Kaninchen) oder Fledermäuse. Die Asiaten gehen dabei leider sehr brutal mit den Tieren um, häuten Murkchen oder Schlangen bei lebendigem Leibe usw. Jeder civilisierte Mensch, der das sieht, bekommt Mitleid mit den Tieren und hofft, daß die Tierquäler dafür bestraft werden, ja, zweifelt an der himmlischen Gerechtigkeit, die so etwas zuläßt. Und genau das ist nun geschehen, die Tierquäler werden bestraft, denn von diesem Tiermarkt ging der Erreger aus; er stammt vermutlich ursprünglich von einer Fledermaus oder einem Schuppentier. Ich gestehe es, ich habe keinerlei Mitleid mit den nun dort infizierten Menschen, denn es ist ihre gerechte Strafe für die dort stattfindenden Quälereien. Sicher, nicht jeder Infizierte arbeitete auf dem Markt oder war persönlich an den Quälereien beteiligt. Aber man duldete diesen Markt, kaufte selbst das Fleisch der Tiere und tat nichts, um den leidenden Kreaturen zu helfen. Ich hatte es schon gesagt, es gibt auch ein regionales Karma, d. h. alle Menschen der Region unterliegen einem Gesamtkarma, welches eben auch durch die Tierquäler erzeugt wird. Nur wer sich gegen derartige Excesse konsequent ausspricht und auf das Fleisch der Tiere verzichtet, kann aus dem Gesamtkarma herauskommen. Leider gibt es keine Statistik darüber, wieviele Vegetarier von dem Virus infiziert wurden.

Die chinesische Regierung hat nun endlich derartige Märkte verboten, doch kommt das Verbot etwas spät, denn auch als 2003 das Sars-Virus grassierte (774 Todesfälle), wurden solche Märkte verboten, aber bereits zwei Jahre später gab es sie wieder, zwar illegal, aber niemand ging dagegen vor. Somit war es nun nötig, ein weiteres Virus auf die verstockten Menschen loszulassen, und das finde ich gut, da ich auch an die Tiere denke. Auch in anderen Ländern werden Tiere gequält und wird viel zu viel Fleisch gegessen, so daß auch hier das Virus grassieren kann.

Die Evola-Epidemie 2014-2016 in West-Afrika kostete 28.639 Menschen das Leben. Auch sie wurde dadurch ausgelöst, daß Menschen Fledermäuse schlachteten und aßen, die das Virus in sich trugen.

Wir sind auf der Erde um zu lernen, um uns weiterzuentwickeln und deswegen gibt es Prüfungen und auch Strafen.

Als Altheide weiß ich, daß nichts zufällig oder ohne Sinn geschieht, insbesondere auch Wetterphänomene nicht. Sie werden nach meinem festen Glauben von den Göttern verursacht und werden seit Jahrtausenden entsprechend von den Menschen gedeutet. So wurde ab der ersten Jahrtausendwende auf Island das Klima kälter, was die Heiden auf den Zorn der Götter wegen des Glaubenswechsels zurückführten. In den griechischen Mythen läßt es Zeus blitzen, wenn Er über irgendeine Handlung der Menschen zornig ist.

Als der große Tsunami im Indischen Ocean am 26. 12. 2004 geschah, dem 230.000 Menschen zum Opfer fielen, hatte ich das gedeutet als Zorn der Götter über die unmoralischen Handlungen vieler Urlauber (Sex-Tourismus, Prostitution, Mißbrauch von Kindern) und das Nichtfeiern des Weihnachtsfestes, außerdem natürlich auch die islamische Missionierung in Sumatra und die Ausrottung vieler Tiere dort (Sumatra-Tiger). Diese Deutung wurde mir entsprechend vorgeworfen; nicht die Deutung selbst, sondern daß ich überhaupt wagte, eine Naturkatastrophe auf den Zorn der Götter zurückzuführen. Dabei ist das gute heidnische Tradition.

Ähnlich war es, als bei zwei Heavy-Metal-Konzerten im Freien mehrere Menschen durch Blitzschläge verwundet bzw. getötet wurden. Auch hier war für mich völlig klar, daß die Götter ein derartiges, dämonisch wirkendes Treiben nicht gutheißen, schließlich ähneln schwarzgekleidete, düster auftretende Menschen und lauter Metallsound eher tanzenden Dämonen, denn Menschen. Und auch der Name dieser Richtung bezieht sich auf das Dunkle: „Black Metal". Ursprünglich taten sich diese Leute sogar mit satanischen Texten hervor, und Bands wie Hellhammer, Darkthrone, Death SS usw. zeigen schon vom Namen her, wo sie stehen.

Mir ist schon seit ich regelmäßig die Feste feiere (also seit Ende 1982) der Zusammenhang zwischen Wetter und heidnischem Kult aufgefallen. Sehr oft regnete es vorher und nachher, aber zum Fest war das Wetter gut. Zuweilen riß die Wolkendecke nur genau über dem Ort des Festes auf. Einmal erlebte ich einen Wetterkult der Priesterin Sigrun zu einem heidnischen Treffen, der die dichte Wolkendecke genau über dem Tagungsort öffnete. Als ich dann 1988 mit Sigrun und einigen weiteren Heiden Island bereiste, wo wir mit den isländischen Heiden feiern wollten, regnete es dort, und wir waren enttäuscht, daß die Isländer nicht einmal gutes Wetter zustande brachten.

Im Sommer 2017 hatten wir einen Dauerregen in Deutschland; es fiel so viel Regen, wie noch nie seit Beginn der Wetteraufzeichnungen. In Berlin lief die U-Bahn voll, Straßen standen unter Wasser,

Bäume fielen um und es mußten Sandsäcke zum Schutz der Häuser gelegt werden.

Der Rationalist (oder: Materialist) wird sagen: Das ist eben ein Tief-druckgebiet, und so etwas kann passieren. Der Pessimist sagt, das sei bereits eine Folge des Klima-Wandels. Der Heide aber fragt nach den spirituellen Ursachen. Wenn man selbst Betroffener ist, dann befragt man die Götter. Betroffener ist man, wenn man durch diesen Regen einen Schaden erleidet – dies ist in meinem Falle nicht gegeben, für mich ist es normaler Regen, nichts ist kaputtge-gangen, anders als im nahen Berlin, in Hessen, Thüringen, Nieder-sachsen. Es fiel auf, daß Bayern nicht so stark betroffen war.

Damit ist nun eine Deutung möglich. Wir haben die Regionen und das Datum: Der Regen begann am 29. und 30. 6. 2017 Wofür steht nun „Regen"? Wenig Regen würde Fruchtbarkeit bedeuten, Dauer-regen und Unwetter bedeuten dagegen Zerstörung der Ernten.

Regen steht aber auch für Reinigung, das Wasser vom Himmel soll alles, was es trifft, reinigen. Wenn also große Teile unseres Landes betroffen sind, dann sind sie im Auge der Götter offenbar „unrein" geworden und bedürfen daher der Reinigung. Aber was ist es, das unser Land unrein gemacht hat? Was war geschehen, als der Regen begann? Da tagte der Bundestag und beschloß u. a. das Gesetz, wo-nach gleichgeschlechtliche Paare nunmehr auch die Ehe eingehen dürfen. Derartige Lebensweisen gelten den Göttern als „argr" und sind unrein und unrecht. Aber auch in anderen Ländern (z. B. Ir-land) wurde die Homo-Ehe eingeführt, ohne daß aufgefallen wäre, daß dort nun Naturkatastrophen stattgefunden hätten. Wieso also bekämpfen die Götter in Deutschland Unreinheit, in andern Län-dern nicht? Nun, es geht wohl darum, wie die Mehrheit der Men-schen denkt. In Deutschland sind laut Umfragen (Emnid) 75 % für die in „Ehe für Alle" umgenannte Homo-Ehe; in anderen Ländern liegen die Mehrheitsverhältnisse anders, ist die Befürwortung viel geringer. Wenn eine Mehrheit der Menschen gegen die Homo-Ehe wäre, dann wäre eine Bestrafung durch die Götter ungerecht und das Land könnte man nicht als „unrein" bezeichnen. So sind die Iren sehr katholisch, trotz der von der Politik eingeführten Homo-Ehe, so daß ihr Land eben nicht geschlossen und mehrheitlich hinter dieser Entscheidung steht, sondern nur die Einwohner, die sich an der Abstimmung beteiligt hatten (das sind meist die eher entwurzelten Städter, während die Landbevölkerung da mehrheitlich anders denkt). Auch in Bayern ist man mehrheitlich katholisch – trotz der Berliner Entscheidung, daher war Bayern nicht in dem Maße betroffen, wie andere Teile Deutschlands.

Aber durch den Dauerregen ändert sich nichts an der Politik. Somit ist der Regen nur ein Zeichen des Himmels, daß da etwas nicht stimmt, er ändert es aber nicht, denn wir haben ja unseren freien Willen und könnten es selbst ändern.

Die Deutung eines Wetterphänomens ist immer unsicher, denn es sind viele andere Gründe denkbar. Ich behaupte nicht, daß meine Deutungen richtig sind; es sind Deutungen, die ich einfach durch die Werte, die ich habe, ableite. Und diese Werte habe ich aus den Überlieferungen der Götter und denen unserer heidnischen Vorfahren (die sie natürlich auch von den Göttern hatten) erhalten. Die Götter als ewige, spirituelle Wesen ändern ihre Werte nicht, man kann also nicht argumentieren, daß etwas vor 1000 Jahren galt, was heute nicht mehr gelten muß, da die Entwicklung weitergeschritten ist. Die Entwicklung geht weiter, aber die ethischen Werte der Götter bleiben gleich; nur die Menschen ändern ihre Werte, weil sie sich nicht um das scheren, was die Götter wollen.

Und bevor ich mißverstanden werde: Ich toleriere die Homo-Ehe, da ich die geltenden Gesetze akzeptiere. Wer so leben will, der soll es tun. Es ist aber deswegen noch lange nicht richtig und von den

Göttern akzeptiert. Auch das Rauchen ist falsch und wird dennoch toleriert. Die Regeln der Götter gelten für Ihre Anhänger, wer aber diese Religion nicht hat, der richtet sich nach anderen Werten. Wir haben das Recht, unser Leben auch nach falschen oder unrichtigen Werten auszurichten, und Anhänger einer Religion dürfen ihre religiösen Werte nicht andern Menschen (mit andern Wertvorstellungen) aufzwingen.

Als Anhänger der Götter habe ich auch die Erfahrung gemacht, daß die Götter mir einen Schutz gewähren, daß Sie auch dort eingreifen, wo mir Unrecht geschieht. Diese Beobachtung stützt sich auf Einzelfälle und ist subjektiv, und auch andere Menschen haben schon ähnliche Beobachtungen bei sich feststellen können.

Einige der Einzelfälle will ich hier kurz erwähnen. Ich hatte in Berlin die vorzeitlichen Heiligtümer wiederentdeckt (inzwischen dazu auch das Buch „Kultstätten in Berlin" veröffentlicht). Durch meine Forschungsergebnisse erfuhren Personen aus meinem heidnischen Umfeld von diesen Heiligtümern, da sie teils ja mit dabei waren, wenn ich dort die Feste feierte. Da gab es dann einen, der versuchte, mir das von mir genutzte und betreute Heiligtum zu nehmen; mit jedem Kult baut man ja eine bestimmte Kraft auf, und Trittbrettfahrer ziehen diese Kraft für sich selbst ab. Es hatte schon seinen guten Grund, daß unsere Vorfahren das Betreten von Heiligtümern streng reglementierten. Ich mußte deswegen an diesem Ort einen Schutzzauber wirken, der sich aber nicht gegen eine ganz bestimmte Person richtete, sondern allgemein gegen jedweden, der mit unlauteren Absichten diesen Ort für sich vereinnahmen wollte. Davon gab es mehrere. Einer, Michael, lud sogar Journalisten an den Ort und posierte dort als der große Magier für eine illustrierte Zeitschrift. Damit wurde der Ort verraten und auch teils entweiht. Ich konnte nichts tun, erfuhr erst später von der Aktion. Doch dann hörte ich davon, daß dieser Mensch am 22. 4. 1989 mit seinem Motorrad schwer verunglückt war; es hieß, man würde sein eines Auge nicht mehr retten können, er würde dort erblinden. Das war mir ein deutliches Zeichen der Götter, denn bekanntlich gab Wodan Sein eines Auge dafür, um Weisheit vom Zwerge Mimir zu erlangen. So sollte dieser Michael also in ähnlicher Weise sein Auge für die Erkenntnis verlieren, daß man nicht wegen des eigenen Egos heilige Orte preisgeben und vermarkten darf. Eine deutliche Ermahnung der Götter mit Andeutung an den Mythos von Wodan, dem Gott, den dieser Mensch immer wieder mit sich selbst zusammenbrachte, den er also als sein Hauptgott angab (ob er wirklich ernsthaft daran glaubte, ist fraglich). Jedenfalls dachte ich, daß diese Züchtigung durch die Götter doch etwas streng war, auch befürchtete ich, daß mein Schutzzauber eine Mitschuld an dem Geschehen trug und somit diese Verletzung des Auges negativ auf meine Karma-Liste schlagen könnte. Deswegen betete ich zu den Göttern und bat Sie, doch nicht so streng zu sein mit Michael. Das wurde offenbar erhört, denn ich erfuhr durch gemeinsame Bekannte, daß er sein Auge behalten und wieder genesen werde.

Er betrieb Magie, und man sah ihm an, daß er dabei einige Fehler machte, denn körperlich verfiel er zusehends, verlor die Haare, alterte verfrüht und hatte auch weniger Energie. Aber das ist seine Angelegenheit.

Dann gab es die Wiedervereinigung Deutschlands, in dieser Zeit erhielt ich meine offizielle Einsetzung als Gode (heidnischer Priester). Ich betreute nun ein anderes Heiligtum, welches nach Meinung einiger Forscher einst das Hauptheiligtum des ganzen Stammes gewesen war.

Aber auch hier gab es Trittbrettfahrer, Leute, die durch mich von dem Ort erfahren hatten und ihn nun vermarkten wollten. Eine junge Frau, Simone, war es, die Anspruch auf diesen Ort erhob. Leider sind ja Heiligtümer in öffentlichen Wäldern und Forsten in keiner Weise geschützt, und wer da mit Leuten Feste feiern will, der darf das. Der Schutz besteht nur in der Geheimhaltung gegenüber Außenstehenden; doch Menschen aus dem heidnischen Umfeld erfahren natürlich von diesen Orten. Ich habe also mit dieser Simone ernsthaft gesprochen und ihr klargemacht, daß sie sich doch bitte für ihre Gruppe (eine kommerzielle Magie- und Hexengruppe) einen andern Ort suchen sollte. 1998 sagte sie zu, den Ort nicht mehr zu nutzen und damit nicht weiter bekanntzumachen. Aber schon am 30. 4. 1999 fand ich sie inmitten einer Gruppe von mindestens 30 Personen genau in diesem Heiligtum. Sie hatte also ihre eigene Zusage gebrochen.

Ich hörte dann von einem Unfall, der sich bei ihr im Hause ereignet hatte. In ihrer Magiegruppe hatten sie Kerzen entzündet und sie war da als Leiterin tätig. Irgendwie kam sie an eine Kerzenflamme und sofort fing ihr Kleid zu brennen an. Sie erlitt schwere Brandwunden, die sie, eine sehr hübsche Frau, für immer entstellten. Das Kleid sollte aus nichtbrennbarer Baumwolle sein, aber die Verkäufer hatten betrogen, es war synthetisch und daher brennbar. Ich deutete diesen Unfall als Strafe für die Vermarktung des Hauptheiligtums. Auch glaube ich, daß sie in ihren kommerziellen Magiekursen Fehler gemacht haben muß, denn der Feuerunfall könnte auch das Werk eines Dämonen gewesen sein, den sie vielleicht unbewußt heraufbeschworen hatte und nicht richtig bändigen konnte. In der Nacht zum 17. 5. 2000 hatte ich Simone im Traum in schwarzer, puppenartiger Dämonengestalt wahrgenommen.

Trotz des Feuerunfalls, der ihr eine Warnung hätte sein müssen, nutzte sie wieder das Hauptheiligtum, und zwar fand ich am 26. 4. 2002 das Heiligtum stark verschmutzt, ausgespuckte Kürbiskerne und Erbrochenes waren zu sehen. Offenbar machte sie mit ihren

Magie-Kursen weiter wie bisher. Aber man kann nicht mit Dämonen verkehren, ohne daß es Konsequenzen hat. Ich habe sie seitdem aus den Augen verloren. Im Jahre 2019 hörte wieder von ihr: Sie war mit dem Automobil unterwegs und bekam ein Aneurysma im Gehirn. Der Wagen verunglückte, kam von der Straße ab in das Gebüsch. Hier dauerte es mehrere Stunden, bis jemand sie fand – zu lange, um das Gehirn noch zu retten. Nun sitzt sie im Rollstuhl in einem Heim, gelähmt, kann nicht sprechen – man weiß nicht einmal, ob sie einen noch hören kann.

Ich behaupte nicht, daß all das wegen der unbefugten Vermarktung des Heiligtums oder der Magie geschah, ich glaube eher an das Wirken von Dämonen. Aber trotzdem tut mir Simone leid, und ich bete zu den Göttern, damit Sie ihr das Leid erleichtern, daß sie entweder gesund wird, oder aber abberufen, denn der derzeitige Zustand ist nicht lebenswert.

Dann gibt es noch jemand, der die von mir einst herausgegebenen, photokopierten Themenhefte raubkopierte, auch mithalf, die von mir bearbeiteten, herausgesuchten und übersetzten Lieder an einen Plagiator gab, der daraus ein Buch machte. Ich mußte prozessieren, um meine Rechte durchzusetzen, was nur teilweise (Vergleich) gelang. Der Betreffende log auch noch vor dem Gericht, was eine große Enttäuschung war, da ich ihn ja auch privat kannte.

Später erfuhr ich dann, daß er einen Schlaganfall bekam und darunter sehr litt. Inzwischen ist er davon wieder geheilt, aber ich bringe diese Bestrafung mit den Raubkopien zusammen (während „normale" Menschen sicher eine falsche Ernährung, zu wenig Sport usw. als Ursache ansehen würden).

Einmal fuhr ich mit meiner Mutter zum Berliner Haupttheiligtum; sie sollte doch auch einmal sehen, wo ich die Feste feiere. Meine Mutter ist keine Heidin, sondern Christin. Als wir im Kultkreis waren und sie vor dem Altar stand, schneuzte sie sich. Ich fand das etwas respektlos. Auf dem Rückweg in der S-Bahn wurden wir kontrolliert. Obwohl unsere Fahrscheine beide zu demselben Zeitpunkt vor der Hinfahrt gelöst wurden (wegen der nur geringen Zeitüberschreitung hatten wir für die Rückfahrt keine neuen Fahrscheine gelöst), akzeptierte der Kontrolleur meinen Fahrschein, den von meiner Mutter aber beanstandete er – sie mußte das erhöhte Beförderungsentgelt (ich glaube, es betrug damals 60 *DM*) zahlen. Das deutete ich als kleine Strafe für das respektlose Verhalten im Heiligtum, gemäß dem Sprichwort: „Die kleinen Sünden bestraft der liebe Gott sofort". Meine Mutter hatte noch darauf hingewiesen, daß mein Fahrschein doch zur gleichen Zeit gelöst worden sei und ich mußte nun sehen, daß ich eine andere Erklärung finde, damit der Kontrolleur sich meinen Fahrschein nicht noch einmal zeigen ließ. Das tat er zum Glück und eigenartigerweise nicht.

In unserem Dorf gab es einen Mann, der seinen großen Lastwagen immer vor meinem Gartenzaun parkte. Das nahm mir nicht nur das Sonnenlicht der untergehenden Sonne, sondern er startete seinen Lastwagen auch morgens um 3 Uhr und ließ ihn lange „warmlaufen", so daß wir in unserem Hause keine Ruhe hatten und früh aufwachten. Ich bat ihn also, den Lastwagen an einer andern Stelle, die es gab, zu parken. Das tat er nur wenige Male, dann stand das Fahrzeug wieder vor meinem Zaun. Ich mußte also die Polizei bitten, tätig zu werden. Der Polizist ermahnte den Lastwagenfahrer und belehrte ihn, daß dort das Parken nicht gestattet sei. Das regte den Fahrer so auf, daß er schimpfend und üble Verwünschungen aussprechend („ich bring dich um") an meinem Zaun vorbei lief.

Nicht lange danach war er tot, Schlaganfall. Ich habe keinen Zauber gewirkt, aber erkenne in solchen Ereignissen einen gewissen Schutz, den die Götter mir gewähren. Gleichzeitig machen solche

Dinge deutlich, daß Menschen auch schon auf der Erde im jetzigen Leben für ihre Verfehlungen bestraft werden können und wir also unbedingt vermeiden müssen, gegen andere schlecht zu handeln.

Kapitel 13

Gebete und Gelübde

In einem jungen, christlichen Liede der eddischen Dichtung, dem Sólarljóð (Sonnenlied) findet sich ein Halbvers, der einen heidnischen Gedanken beinhaltet und der auch bei heidnischen Festen vom Priester zitiert wird:

> *»Wer nichts erbittet, dem bietet man nichts –*
> *Wer ersinnt des Schweigenden Schäden?«*

Es geht also darum, die Götter oder Geister zu bitten, Ihnen deutlich mitzuteilen, was man benötigt. Ob Sie es dann bewilligen, ist eine andere Frage, aber darauf zu warten, daß Sie von selbst tätig werden, ohne daß man sein Anliegen überhaupt irgendwie vorgetragen hat, das hat keinen Erfolg. Die Götter sind nämlich keine Diener, die uns unsere Wünsche von den Augen ablesen; wir müssen die Götter immer ähnlich behandeln, wie wir es ja auch mit sehr hochgestellten Persönlichkeiten in unserer Welt tun würden.

Der zweite Gedanke ist der der Gegengabe. Wir finden dazu einen Vers in den Hávamál 145, der leider in fast allen deutschen Edda-Ausgaben falsch übersetzt wird:

> *»Besser ist ungebetet, aber übergeopfert:*
> *Immer richtet sich nach dem Opfer die Gabe.«*

155

Einfaches Bitten reicht also in den größeren Fällen nicht aus; wir müssen für eine Gegengabe bereit sein, und diese muß in ihrem Wert der Größe der Bitte entsprechen. Ich habe sogar die Vermutung, daß wir, wenn uns eine sehr große Gabe von den Göttern gegeben wird und unsere Gegengabe nur klein ist oder ganz ausbleibt, daß wir dann auf andere Weise bezahlen müssen, nämlich das zusätzliche Glück, das wir gar nicht verdient haben, durch entsprechendes Unheil ausgeglichen werden muß, da sich ja unser Gesamtkarma erfüllen muß.

Deswegen sollte ein Gebet auch nie nur aus Bitten bestehen, sondern immer auch Dank für die erfahrene Hilfe beinhalten. Oder eben auch mit einer Opfergabe verbunden sein, insbesondere wenn die eigenen Bitten groß und unbescheiden sind.

Bei „Opfer" denken viele Menschen an Tieropfer. Das ist hier aber nicht gemeint. Opfergaben können Blumen sein, Gebildgebäck, heimische Früchte (mit exotischen Früchten können Geister unserer Region nichts anfangen) aber auch gesungene Lieder, Gebete, irgendwelche mühevollen Dinge, die man bereit ist, auszuführen. Opfergaben gegen Hilfe der spirituellen Wesen, das ist quasi ein Deal, ein Geschäft. Esoteriker würden sagen, man gibt Energie in die spirituelle Welt und diese gibt Energie zurück, damit der Ausgleich wieder vorhanden ist.

Als im Jahre 1986 der Atomreaktor von Czernobyl havarierte, da trat sehr viel radioaktives Jod und Caesium aus. Die radioaktive Wolke kam auch nach Berlin, und meine Geschwister und ich saßen in meiner Wohnung und nahmen Jodtabletten ein, die mein Bruder als angehender Mediziner noch beschaffen konnte (sie waren ja überall ausverkauft). Damit konnte man sich selbst zwar etwas schützen, denn das zugeführte Jod in den Tabletten hinderte die Schilddrüse daran, das radioaktive Jod der Luft aufzunehmen und einzulagern (was dann Gefahr für Schilddrüsenkrebs bedeutet), aber das radioaktive Jod in der Luft war damit nicht fort. Von ihm ging weiterhin eine große Bedrohung aus, denn sobald es regnen würde, würde das Regenwasser die radioaktiven Teilchen der Luft auf den Boden spülen; unsere Natur wäre für Jahrzehnte zu einer Gefahrenquelle geworden, jedes Lagern auf der grünen Wiese würde eine starke Strahlenbelastung bedeuten. Auch würde die Radioaktivität weiter bis ins Grundwasser und damit ins Trinkwasser gelangen. Und es war noch sehr hohe Radioaktivität in der Luft. Große Angst hatte ich, daß es regnen würde, bevor der Wind diese belastete Luft mit der Zeit verdünnt und weggeblasen hat. Leider aber sagten die Meteorologen tatsächlich für Berlin Regen an. Das wäre das Ende meiner Naturverbundenheit, denn jedes Betreten des verseuchten Waldbodens wäre eine schwere gesundheitliche Gefährdung. Also mußte ich den angesagten Regen verhindern. Ich nahm meine Chrotta (der Nachbau einer sechsaitigen germanischen Lyra) und begab mich an das Ufer des Lietzensees, der nahe zu meiner Wohnung in der Danckelmannstraße liegt und an dem auch ein Opferstein liegt. Hier rief ich den Gott Donar (Thor) an, der als Gewitter- und Wettergott natürlich über den Regen gebietet. Ich bat Ihn darum, es nicht regnen zu lassen, und als Gegengabe sang ich ihm eine uralte Thorshymne aus der Jüngeren Edda, auf der Chrotta begleitet. Der Regen blieb aus! Der Regen blieb insgesamt etwa 10 Tage aus, war aber jeden Tag von den Meteorologen vorausgesagt. Donar hatte meine Bitte gehört und sie auch erhört. Nach den 10 Tagen regnete es zwar dann, aber da war die Radioaktivität der Luft schon so stark verdünnt, daß nun keine Gefahr mehr für den Boden bestand.

Ich bilde mir daher ein, der unbekannte Retter von Berlin gewesen zu sein. Aber ich weiß natürlich, daß Gebete und Bitten dann eher erfüllt werden, wenn sehr viele Menschen sie haben bzw. äußern.

Und natürlich hatten viele Menschen in Berlin auch Angst vor dem Regen und standen sozusagen hinter meiner Bitte an Donar.

Unfälle wie der von Czernobyl geschehen, damit die Menschheit daraus etwas lernt. Würde so ein Unfall keinerlei negative Folgen haben, weil die Götter diese durch Ihr Eingreifen von Anfang an verhinderten, dann würden die Menschen eben auch nichts lernen, daher gibt es so etwas nicht. Die Atomkraft ist eine sehr gefährliche und schmutzige Angelegenheit, denn auch im störungsfreien Normalbetrieb wird in der Umgebung des Atomkraftwerkes die Radioaktivität erhöht (ich weiß das sicher von meinem Vater, der im Bundesministerium für Forschung und Technologie gearbeitet hatte), unabhängig von der problematischen Entsorgung des radioaktiven Abfalls. Und war es nicht geradezu wahnsinnig, an einem Ort wie Czernobyl, der nach dem Teufel benannt ist, ein Atomkraftwerk zu errichten?

Als im Jahre 2019/20 die großen Waldbrände in Australien waren, da war mir klar, daß diese auch dazu da sind, daß die Menschheit lernt: Lernt, daß man nicht auf Kosten des Klimas und der Umwelt leben darf, daß man sich nicht in überholte Kohleprojekte stürzen darf, die die Luftverschmutzung noch steigern usw. Als ich dann aber hören mußte, daß schon eine Milliarde Tiere in den Feuern verbrannt oder verwundet wurden und viele in den verbrannten Wäldern keine Nahrung mehr finden und verhungern, da dachte ich, jetzt muß ich eingreifen. Eigentlich hätte ich erwartet, daß die australischen Ureinwohner etwas gegen die Feuer unternehmen, denn bei uns stehen sie ja in dem Ruf, naturverbunden und spirituell zu sein. Von da aber war nichts zu hören. Ich mußte also selbst etwas versuchen. Ich rief Donar an und erklärte Ihm, daß doch die Tiere nicht für die Fehler der Menschen bestraft werden dürften und daß Er doch Midgards Schützer ist. Ich bat Ihn, es doch nun endlich in Australien regnen zu lassen und die Feuer einzudämmen.

Wenn Er das in den nächsten drei Tagen täte, würde ich Ihm die alte Thorshymne wieder einmal singen. Das war am 14. 1. 2020. Am Donnerstag (!) dem 16. 1. 2020 hat der Gott dann tatsächlich geholfen; es gab so starke Regenfälle, daß die meisten Feuer gelöscht wurden, und es gab sogar Überschwemmungen. Leider erlöschten nicht alle Feuer, aber das ist offenbar die Prüfung der Menschen dort, und ein Einmischen kann schwere Folgen haben. Denn wenn sich alle Probleme dort lösen, dann machen die weiter wie immer, und wenn ich derjenige war, der ihnen zur Problemlösung verholfen hat durch meinen Kult, dann ist es auch mein Karma, wenn sie in der Zukunft weiter Dreck machen und nichts gelernt haben.

Am Donnerstag also regnete es in Australien, in der Nacht zum Freitag (17. 1. 2020) träumte ich, wie mir ein starker Bär folgte. Wir umarmten uns, ich hatte ein wenig Angst, aber der Bär biß nicht zu. Der Bär ist eines der heiligen Tiere des Gottes Donar.

Hier war es ein einfaches Gelübde, und hier brauchte ich nicht viel einzubringen, denn ich selbst profitierte ja nicht von der Hilfe des Gottes, da ich kein Australier bin. Trotzdem bleibt die Enttäuschung bezüglich der Ureinwohner (Aborigines), daß von deren Seite nichts getan wurde, was dem Lande helfen würde.

Als es einmal vor Jahren (1992) extrem trocken in Brandenburg war, überall die Ernte drohte zu verdorren, organisierten die Berliner Heiden, ich war nicht dabei, einen Regenzauber. Es hatten sich Journalisten vom SFB (Sender Freies Berlin) angemeldet, die davon in ihrer Sendung vom 3. 4. 1992 auf SFB 4 (Radio 4 U) berichtet hatten. Dort sagte der Sprecher sinngemäß: „Der Optimismus der Heiden ist ja ganz schön, aber es sieht hier noch überhaupt nicht nach Regen aus". Nach dem Regenzauber mit den Journalisten, machten die Heiden am nächsten Tage noch einen, diesmal ohne

Störung durch die Journalisten. Dann, am dritten Tage gab es wolkenbruchartigen Regen in Berlin und Brandenburg, Keller und Straßen wurden überflutet. Ich denke, der arrogante Journalist wird sich doch gewundert haben, daß der Zauber wirkte. Bei uns gab es jedenfalls Anrufe von Leuten, die die Sendung gehört hatten und dann das Ergebnis des Wolkenbruchs richtig dem Kult der Heiden zuschrieben. Aber dieser Kult war eher ein Zauber, kein Gelübde; ich erwähne ihn hier nur am Rande.

Kleinere Deals, Gelübde usw. mache ich sehr oft. Als ich nach der Trennung von meiner ersten Freundin allein war, haderte ich mit den Göttern und klagte Ihnen, wenn Sie wollen, daß ich mich für Ihre Angelegenheiten (das Heidentum zu rekonstruieren und zu verbreiten) weiterhin einsetze, dann sollten Sie mir dafür auch eine nette Freundin verschaffen. Durch meine recht katholische Erziehung hatte ich damit nämlich immer Schwierigkeiten. Wenige Tage später lernte ich Astrid kennen und wir begannen eine Beziehung, die allerdings auch nicht sehr lange bestand.

Wenn ich zum Pilzsammeln in den Wald gehe, dann gelobe ich innerlich den Geistern des Ortes, daß ich Ihnen als Dank für das Finden eines eßbaren Pilzes ein Lied singe. Ich nehme schließlich etwas aus der Natur und muß somit auch irgendetwas zurückgeben, und wenn es nur ein gesungenes Lied ist.

Andere Gelübde beziehen sich auf irgendeine Arbeit oder Tat, die man ausführen wird, wenn die Götter helfen. Als uns Jürgen Rieger (Leiter der „Artgemeinschaft") verklagte, weil er glaubte, Anspruch auf den Namen „Germanische Glaubens-Gemeinschaft" zu haben, gelobte ich, wenn wir den Prozeß gewinnen würden, dann würde ich nach Helgoland reisen und dort dem Gott des Rechtes, Fosite (Forseti) ein Opfer bringen. Helgoland hieß ja bekanntlich früher

„Fosites hilliges Lant" (Fosites heiliges Land) und hatte einen Fosite-Tempel. Wir gewannen den Prozeß in beiden Instanzen (Januar 1993), und so reisten Catrin und ich nach Helgoland. Das war sehr anstrengend, da wir dort nicht übernachteten und die ganze Fahrt an einem Tage machten. Auf dem Oberland in einer Mulde entzündeten wir das Feuer, riefen Fosite an und legten Ihm Dankopfergaben nieder.

Ich hatte einmal auf einem Dorffest ein Murkchen (Kaninchen) „Hoppel" beim Kegeln gewonnen. Das haben wir als Vegetarier natürlich nicht geschlachtet, aber es bekam einen chronischen Dauerschnupfen (angesteckt von einem anderen Murkchen, das aus dem Tierheim kam und offenbar nicht ärztlich behandelt worden war). Dieser Dauerschnupfen war unheilbar für die Tierärzte. Catrin ging daher zu einem Holunderbaum in der Nähe des Dorfes und opferte ihm für die Gesundheit des Murkchens. Das hatte geholfen, denn die Krankheit wurde so weit zurückgedrängt, daß Hoppel noch neun Jahre gut leben konnte und erst 2013 starb. Ab und zu bekam er auch noch etwas Kräutersaft ins Trinkwasser.
Der Holunder ist der heilige Baum der Frau Holle, also der Göttin Fria. Man begrüßt ihn, nach der Überlieferung kniet man sogar vor ihm nieder. Offenbar sieht man in diesem Baume direkt die Göttin Fria und man verhält sich so, als würde man statt dem Baume der Göttin begegnen. Und darunter leben auch die Holden, die guten Geister in Frias Gefolge, denen man z. B. Opfergaben niederlegt. Ich opfere jeden Donnerstag dem oder den Hausgeistern am Ofen. Auch unter der Haustürschwelle sollen Hausgeister wohnen. Hier liegt daher ein gefundenes Hufeisen.

Es gibt auch kleinere Gelübde, wo man einfach nur zusagt, wenn die Götter in einer bestimmten Angelegenheit helfen, dann wird man eine bestimmte schlechte Angewohnheit vermeiden.

Gebete gehören zum Heidentum dazu. Schon Jesus wußte das, als er sagte (Matth. 6, 7):

»Und wenn ihr betet, sollt ihr nicht viel plappern wie die Heiden; denn sie meinen, sie werden erhöret, wenn sie viel Worte machen.«

Interessant ist dann, daß zwei Verse weiter das Vaterunsergebet folgt, welches sich mit seinen sieben Bitten ja ursprünglich an die sieben heidnischen Planetengötter richtete.

Ich bete jeden Morgen im Garten vor meinem Hause in meinem Privatheiligtum zu den Göttern. Dort stehen auch große, von mir geschnitzte hölzerne Götterbilder, die die Anwesenheit der Götter symbolisieren und die auch mit Kraft gestärkt werden, wenn man hier Kulte betreibt. Im Hinduismus geht man da noch einen Schritt weiter, wenn man die Gottheiten direkt in den Götterbildern sieht und deswegen die Götterbilder rituell wäscht, mit Milch übergießt und beräuchert. Ich gehe ab und zu auch in Berlin in den Hindu-Tempel und nehme an der Zeremonie teil, wobei ich mir natürlich die entsprechenden germanischen Gottheiten vorstelle. Ganesha ist also z. B. die indische Form des Gottes Heimdall usw.

In dem Gebet am Morgen geht es um Dank für den vergangenen Tag und Dank, für den gegenwärtigen Tag, Lob der Götter und Bitte um Schutz oder Hilfe in aktuellen Angelegenheiten. Das Gebet richtet sich an die Götter und hernach an die Geister, die mich umgeben und schützen, auch zuweilen an Geister der Verstorbenen. Bei den Morgengebeten grüße ich zuerst die beiden höchsten Gottheiten (Wodan und Fria); dann aber wird die Gottheit besonders gewürdigt, deren Tag gerade ist, also am Donnerstag Donar, am Freitag Frowa, am Sonnabend Fria, am Sonntag Baldur und Nanna bzw. Sunna, am Montag Heimdall, am Dienstag Tius (Tyr) und am Mittwoch, der ja der alte Wodanstag ist, natürlich Wodan. Wenn es ein Tag ist, der zu einem Jahresfest gehört (jedes Fest dauert ja mindestens drei Tage), dann werden die Gottheiten des jeweiligen Festes besonders begrüßt. Ich nutze dabei eigene, freiformulierte Gebete oder aus dem Hinduismus übersetzte Gebete.

Das Abendgebet halte ich im Hause, nur wenn ich gerade im Garten bin, dann halte ich es auch dort. Hier geht es auch darum, für die Annehmlichkeiten des Tages zu danken und sich selbst zu überlegen, was an dem Tage gut war, und was man schlecht oder falsch gemacht hatte. Auch, ob man sich sinnvoll betätigt hatte oder nur dem eigenen Amüsement folgte.

Wenn man bedenkt, wie gut es uns geht im Vergleich mit den Menschen in andern Ländern, daß wir gesund sind und im Wohlstand leben können und daß es keine Kriege gibt, dann sind das doch allein schon gute Gründe, daß man sich bedankt.

Und natürlich bete ich zu den Göttern und Geistern des Waldes, wenn ich in den Wald gehe oder mit dem Fahrrad hindurchfahre. Nach den Hauptgöttern wird dabei die eigene Schutzgottheit begrüßt; bei längeren Fahrten auch der Gott Donar, der Gott der Reisenden. Und natürlich die Geistwesen, also Idisen und Alben. Da es auch unter den Geistwesen einige gibt, die den Menschen ablehnend bis feindlich entgegenstehen (kein Wunder, bedenkt man, was Menschen so mit der Natur machen), habe ich eine Formulierung gefunden, die offenläßt, ob sich die Begrüßung an alle Geistwesen richtet, oder nur an meine Freunde. Denn man darf ja nicht einfach Geister als Freunde bezeichnen und anreden, die die Menschen ablehnen und jede Freundschaft mit ihnen auch. Wenn ich also z. B. den Satz „heil allen Geistwesen, meinen Freunden" sage, dann kann man ihn so lesen, daß der Gruß sich zwar an alle richtet, aber

„meine Freunde" nur ein Teil der Gesamtheit der angeredeten Geistwesen darstellen. Damit wird keinem Geist eine Freundschaft unterstellt, die er nicht will. Grüßen tue ich aber dennoch alle, denn das gebietet die Höflichkeit. Man grüßt in unserer Welt ja auch nicht nur Freunde, gerade hier auf dem Lande grüßt man auch unbekannte Wanderer, wenn sie einem begegnen.

Wenn man nun Götter und Geister begrüßt hat, dann kann man für den schönen Tag, den schönen Wald usw. danken. Ich stellte fest, daß sich nach solchen Gebeten oft Tiere sehen ließen, als sei das eine Gegenantwort der Geister.

Dank ist auch dafür zu sagen, daß die Geister uns hier in dieser Region wohnen lassen und uns freundlich aufgenommen haben. Denn es ist mir bewußt, daß wir hier in ihrem Reich nur Gäste auf Zeit (unsere Lebenszeit) sind, daß wir als Sterbliche wieder gehen müssen, sie aber als Unsterbliche bleiben. Auch „unser" Haus gehört nur nach menschlichen Gesetzen uns, in Wahrheit gehört es den Geistern, die uns hier nur wohnen lassen. Geister der Region, des Dorfes, Geister früherer Bewohner und auch Geister derjenigen, die das Haus um 1860 erbauten. Deswegen muß man mit dem Hause behutsam umgehen, größere Veränderungen und Umbauten könnten die früheren Bewohner verärgern; Dinge, die sie mit viel Mühe geschaffen haben, sollten wir nicht unachtsam und grundlos zerstören. Respekt vor dem, was frühere Generationen geschaffen haben.

Als wir noch nicht hier im Dorf wohnten, sondern nur in der Gegend herumzogen, um ein Haus für uns zu suchen, besichtigten wir auch eines weiter unten im Dorf. Es war zu teuer für uns, aber ich entdeckte im Hause einen zweiflammigen Gaskocher. Den wollte ich gerne haben, denn mit Gas kocht man besser, als mit Strom oder Holz wie mit unserer „Küchenhexe" (Kochmaschine, Feuerungsherd). Nun war der frühere Bewohner des Hauses darin verstorben, und mir war klar, daß man ihm nicht einfach etwas aus seinem Hause nehmen dürfte, das hätte seinen Zorn und Unheil bedeuten können. Ich ging also in das Haus, räucherte, rief den Geist des Bewohners an und bat ihn um Erlaubnis, seinen Kocher mitnehmen zu dürfen, den er als Geist ja nicht mehr benötigt. Als Gegengabe stellte ich ihm ein Glas mit Branntwein hin, denn viele Geister Verstorbener lieben Branntwein. Dann nahm ich den Kocher mit und er muß es akzeptiert haben, denn es gab keinerlei Probleme. Das Haus wurde einem jungen Ehepaar verkauft, die anders handelten: Sie nahmen größere Umbauten vor, ließen die schönen Kachelöfen herausreißen und alle Möbel, sogar eine (sicher noch intakte) Waschmaschine entsorgen. So ein Vorgehen würde doch jeden früheren Bewohner verärgern, so auch den Geist des früheren Besitzers. Das Paar schaffte sich Ziegen an, doch Segen hatten sie nicht. Einer der beiden verunglückte schwer und deswegen mußten sie das Haus aufgeben. Es wurde dann an andere Bewohner versteigert.

Wenn ich auf eine Reise gehe, spreche ich zuvor den uralten angelsächsischen Reisesegen, und bisher ist mir noch kein Unheil auf der Reise geschehen.

Als die Mauer noch bestand und ich wenig Geld hatte, bin ich zuweilen per Anhalter gereist. An einen besonderen Fall erinnere ich mich dabei: Ich kam nach Dreilinden an die Avus-Raststätte, wo schon einige Anhalter standen. Ich fragte sie, wie lange sie schon warteten. Ein bis zwei Stunden waren es. Ich hatte ein Pappschild mit meinem Zielort gemalt, die andern auch. Ich aber hatte Frakturrschrift verwendet und natürlich zu Hause den Reisesegen gesprochen. Gerade am Anhalterplatz angekommen, fand ich einen

20 ℳ-Schein und steckte ihn ein. Niemand vermißte Geld. Ich ging dann an den Platz, wo ich das Schild hochhaltend warten wollte. Ich stand gerade, schon hielt ein freundlicher Porschefahrer an, ein Rechtsanwalt, und nahm mich mit – zum Erstaunen der andern Anhalter. So erlebte ich auch einmal eine Fahrt auf der Autobahn im Porsche, und der Fahrer fuhr auch einmal seinen Wagen voll aus (was mich natürlich ängstigte, aber Gedanken an Donar beruhigten mich).

Dieses Glück führe ich auf den alten Reisesegen zurück, der daher vor jeder Hin- und jeder Rückreise von mir in beiden Sprachen (angelsächsisches Original und Übersetzung) gesprochen wird.

Kapitel 14

Lebensweise

Wenn man richtiger traditioneller Heide ist, dann liebt man die Natur, und deswegen vermeidet man alles, was der Natur schadet. Das ist auch meine Devise. Ich erkenne an, daß jeder Mensch hier für sein Leben andere Prioritäten setzt, je nachdem, wie und wo er lebt. Ich habe z. B. absichtlich auf das Automobil verzichtet und gar nicht erst den Führerschein gemacht, den mir meine Mutter sogar spendieren wollte. Ein Auto tötet durch seine Abgase 6 Bäume und macht 30 Bäume krank — wobei ich nicht weiß, ob diese Zahlen auch für Autos mit Katalysator gelten. Automobile sehen häßlich aus, verstopfen alle Straßen, verstellen die Gehwege und tragen dazu bei, daß die Lebensqualität sinkt. Wenn ich mir alte Photos von Berlin ansehe, da sind kaum Automobile auf den Straßen zu sehen — ja, die meisten Straßen wurden gebaut, als es noch gar keine Automobile gab. Da waren noch Menschen auf der Straße, Reiter, Pferdefuhrwerke oder Pferdebahnen. Heute sind die Menschen vom Auto völlig an den Rand verdrängt.

Es täte einigen Autofahrern auch gut, sich einmal in einem vollen Bus oder einer U-Bahn zu drängeln, denn leider leben einige Autofahrer gar nicht mehr richtig in der realen Welt: Sie steigen von ihrem Einfamilienhaus in ihr Auto, wo sie auch allein und von andern Menschen isoliert sind, fahren in ihr Bureau und sind dort wiederum unter Bekannten oder allein. Sie bekommen von der Kriminalität und Aggression auf unseren Straßen gar nichts mit.

Ein anderes Thema sind die Smartphones. Diese Geräte mögen ja zugegeben sehr praktisch sein, aber sie dominieren ihre Nutzer derart, daß diese sich von der realen Welt völlig isolieren. Daß die Nutzer dazu auch noch beeinflußt werden, kommt hinzu, denn unbewußt nehmen sie damit das Denken in Buchstaben, kurzen Floskeln und reduzierter Kommunikation auf. Auch sind sie überall ortbar, d. h. mit der richtigen Software kann der Aufenthaltsort des Besitzers jederzeit fast metergenau ermittelt werden, wie sich u. a. in der Corona-Krise zeigte, wo das Robert-Koch-Institut die Daten der Smartphones dazu verwenden wollte, um alle Kontakte eines Infizierten zu finden, indem alle in seiner Nähe befindlichen anderen Smartphonebesitzer ermittelt werden. Auch welche Filme, Internetseiten oder SMS' jeder hatte, ist für Profis ersichtlich. Sogar die Telephonate sind abhörbar. Noch schlimmer: Schon vor Jahren wurde bekannt, daß auch ein ausgeschaltetes Gerät mit Spezialprogrammen so angesprochen werden kann, daß Gespräche im selben Raum mitgehört werden können; die eingebaute Kamera kann aktiviert werden, und man kann sogar in den Raum hineinsehen (falls die Linse nicht abgedeckt wird). Durch Bezahlfunktionen kann man sehen was und wieviel jemand wo kaufte. Der absolut gläserne Mensch also, ein kontrollierter Konsument, den man völlig beeinflussen kann. Für einen Arbeitgeber ist man jederzeit erreichbar und wird so zum Sklaven auf Abruf.

Und natürlich haben diese Geräte immer noch eine Strahlung, auch wenn die verharmlost wird; denn dies zuzugeben hieße zu riskieren, daß diese für Werbung und Geheimdienste idealen Überwachungsgeräte abgeschafft würden.

Ich verzichte auf derartige Geräte und lese gerne noch Landkarten, höre ggfls. Cassetten aus einem kleinen Cassettenrecorder (Walkman) und benutze einen einfachen digitalen Photoapparat. Die Produktion, der Transport und Vertrieb der Smartphones sowie die erforderlichen Funknetzmasten und -leitungen verbrauchen unnötig Ressourcen unserer Natur und sind nur schwer zu rechtfertigen.

Auch andere elektronische Geräte werden nur auf Kosten der Natur hergestellt und vertrieben. Deswegen ist es wichtig, da wir ja meist nicht völlig auf solche Geräte verzichten können, sie so lange wie möglich zu behalten und nicht bei jedem neuen Betriebssystem alles neu anzuschaffen, weil das Neue noch geringfügig mehr kann als der Vorgänger. Geht etwas kaputt, sollte man es so lange wie möglich reparieren lassen. Die Industrie will verkaufen und wechselt daher gerne die Systeme: Vom 16mm Film über Normal 8mm und Super 8 mm Film zum Bildtonband, dann zum Video in drei Systemen (VHS, Betamax und Video 2000); davon überlebte nur VHS und wurde durch die DVDs ersetzt, diese wieder durch Blue-Ray und heute durch Festplatten. Das alles nur, um ein wenig Film-Unterhaltung zu haben oder Erinnerungsfilme der Familie sehen zu können. Beim Ton ist es ähnlich: Erst die Wachswalze, dann die Schellack-Platte 78, dann Vinylplatten (33 $^1/_3$ und 45) in Mono, dann in Stereo, dann Tonbänder, Toncassetten und schließlich CDs und MP3s. Der ganze Aufwand der verschiedenen Systemwechsel für geringfügig bessere Qualität und die Möglichkeit, irgendeine Musik öfter hören zu können – für viel Geld.

Auch sonst verzichten wir auf modernen Komfort, nicht weil wir ihn uns nicht leisten könnten, sondern weil vieles nur auf Kosten der Natur möglich ist. Wir haben z. B. noch ein Außen-Trocken-klo, das spart uns viel Wasser, was eine moderne Spülung verbraucht (8-10 Ltr. pro Spülung). Würden wir uns im Hause ein modernes WC einbauen, dann bestünde die Gefahr, daß es (bzw. die Leitungen) im Winter einfriert – ohne eine entsprechende moderne Centralheizung wäre so ein WC gar nicht betreibbar. Mit einer Centralheizung aber ist man von bestimmten Energien (z. B. Öl) abhängig und im ganzen Hause müßten häßliche Rohre verlegt und unansehnliche Heizkörper installiert werden. Und wenn man sich im Winter auf Reisen begibt, besteht die Gefahr, daß die Heizungsrohre einfrieren und platzen.

Meine Erwägung ist dabei auch die folgende: Das kleine Haus, welches wir bewohnen, steht hier schon seit 1860. 160 lange Jahre (etwa 7 Generationen) kamen die Menschen mit dem Ofen gut aus und mit dem Außenklo. Nun kommen wir als verwöhnte Großstädter von Berlin hergezogen und gleich muß alles umgebaut werden, warum? Mit einem Ofen ist man völlig unabhängig von Energielieferungen, man kann in den Wald gehen und Holz sammeln, schon kann das Haus geheizt werden. Die Heizwärme eines Kachelofens ist viel angenehmer als die trockene Wärme einer Centralheizung; wenn ich bei meinem Bruder in Franken zu Gast bin, dann kann ich dort kaum schlafen, weil die trockene Wärme so ungewohnt und unangenehm ist. In der Küche können wir ohne Strom oder Gas einfach mit Holz kochen und backen. Sollte einmal die Wasserversorgung zusammenbrechen, wird unser Trockenklo weiterhin funktionieren, wie seit 160 Jahren. Der Badeofen ist immer mit Wasser gefüllt; das würde für Notfälle reichen, danach würde man Wasser von einer Quelle einholen.

Selbst intakte Petroleumlampen und Kerzen sind bei uns noch vorrätig, so daß bei Stromausfall (schon mehrfach geschehen) das Licht nicht ausgehen muß.

Das heißt, mit diesem alten Standard ist man wirklich unabhängig und kann in Krisenzeiten besser überleben, als wenn man die modernste Technik eingebaut hätte.

Ein anderer Gedanke ist unsere Kinderlosigkeit. Die Gründe dafür sind ganz einfach erklärt: Im heutigen Deutschland leben 83 Millionen Menschen, das empfinden wir als überbevölkert. Im flächenmäßig größeren Deutschland vor 1939 lebten nur 79 Millionen Menschen, also 136 Einwohner pro km², 2014 waren es bei uns 226 Einwohner/km² (ohne die 2 Millionen Einwanderer von 2015/16). Schon damals argumentierte man, man benötige neuen Lebensraum. Seriösen Untersuchen zufolge lassen sich mittels der gegenwärtig auf deutschen Boden befindlichen landwirtschaftlichen Nutzflächen maximal 25 Millionen Menschen ernähren. Was uns also fehlt, räubern wir in der dritten Welt zusammen um unsern Überfluß ermöglichen zu können. Man kann es nicht schönreden, unser Land ist klar überbevölkert. Wenn man die Natur einschließlich der Tiere und Pflanzen liebt, ist es dann verantwortbar, Kinder in diese übervolle Bevölkerung zu setzen? Jeder Mensch verbraucht Natur, Ressourcen; anders ist ein Leben derzeit gar nicht möglich. Die Entscheidung für eigene Kinder ist also immer auch eine Entscheidung gegen die Natur oder auf Kosten der Natur. Dabei sind unsere Instinkte auf Arterhaltung und Reproduktion eingestellt, so daß also der Verzicht auf Kinder auch ein Ingnorieren unserer eigenen Instinkte darstellt. Aber wir als Menschen sind in der Lage, unsere Instinkte durch unseren Verstand kontrollieren zu können. Wir kritisieren zu Recht die Bevölkerungsexplosion in verschiedenen Entwicklungsländern, wir wissen, daß die Natur in diesen Ländern (auch in den Nationalparks) auf die Dauer dem Ansturm einer übergroßen Menge hungernder Menschen nicht standhalten kann.

Zwar nimmt die Bevölkerung der deutschstämmigen Menschen in Deutschland stetig ab, das hat aber andere Ursachen. Würde man nur unser Land allein betrachten, dann würde Kinderlosigkeit auf längere Sicht der falsche Weg sein, das ist klar. Dann müßten Anreize geschaffen werden, damit sich die deutschstämmigen Menschen auch wieder mehr reproduzieren. Wenn man aber global denkt und die ganze Welt sieht, dann müßte jedes Vermehren unterbunden werden, um die Natur und damit unser aller Lebensgrundlagen zu erhalten.

Täglich sterben viele Tier- und Pflanzenarten aus, verursacht vom Menschen; das kann einem als naturverbundenen Menschen nicht egal sein. Man kann nicht sagen: „Interessiert mich nicht" und dann so weitermachen, wie bisher, bis irgendwann der Punkt erreicht ist, wo die Zerstörung nicht mehr umkehrbar sein wird.

Wir tragen auch Verantwortung für die Natur. Es ist unsere Mitschuld, wenn sich Volksstämme der dritten Welt übermäßig vermehren, denn es waren unsere (europäischen) Missionare, die ihre falschen biblischen Lehren („seid fruchtbar und mehret euch" und „machet euch die Erde untertan") dort verbreitet hatten. Heute ist es vor allem der Islam, der derartige falsche Lehren verbreitet.
Weil wir das also mitverschuldet haben, deswegen sind wir nun in der Verantwortung, es wieder gutzumachen.

Außerdem ist es nicht unsere Aufgabe, Kinder zu bekommen, um ein in sich unsinniges und zweckloses System aufrecht zu erhalten. Die Welt, die Menschheit ist ja nicht nur dafür da, daß sie da ist – so ein Denken leugnet doch jede höhere Bestimmung und Aufgabe, die über die Reproduktion hinausgeht. Jemand sagte mal scherzhaft: „Mit den Kindern gibt man nur die Frage nach dem Sinn des Lebens an die nächste Generation weiter" (ohne sie zu beantworten).

Die Frage der Kinderlosigkeit aber muß natürlich dennoch jeder für sich selbst beantworten. Kinder bedeuten auch Freude und tragen dazu bei, daß der Name und die Sippe weiterlebt. Ich bin hier in keiner Weise dogmatisch oder moralisierend, wer Kinder will, soll sie haben, ich aber will sie aus den genannten Gründen nicht.

Kapitel 15

Sippe und Volk

Im heidnischen Weltbild waren Sippe und Ahnen besonders wichtig, darin unterschieden sich die Vorstellungen damaliger Menschen von heutigen. Heute zählt Sippe nichts und Ahnen interessieren kaum. Mit Abscheu muß man zuweilen in den Medien Berichte zur Kenntnis nehmen, wo ein Sohn seine Eltern oder andere Verwandte ermordete oder wo die eigenen Kinder mißbraucht wurden. Derartige Dinge sind dem heidnischen Weltbild völlig fremd; auch der ungewollte Kampf eines Sippenangehörigen gegen einen anderen war ein schlimmer Sippenfrevel. Nur dadurch kommt in die Hildebrandsage ihre Dramaturgie, nur so wird die Nibelungengeschichte zu einer Tragödie. In der Hildebrandsage kämpft der Sohn gegen den Vater, den er nicht erkennt. In der Nibelungensage bekämpft Kriemhild die Mörder ihres Mannes Siegfried, die aus der eigenen Sippe stammen.

Zugegeben, die Sippe (Großfamilie) hatte einst mehr Bedeutung, schließlich gab es noch keinen Sozialstaat; man war als Sippenmitglied auf die Unterstützung der Sippe angewiesen, sowohl in materieller Hinsicht als auch etwa bei Rechtsstreitigkeiten. Nur eine starke und große Sippe konnte garantieren, daß Gegner sich nicht vorwagten.

In der modernen, wertelosen Gesellschaft ist an die Stelle der Sippe das Individuum getreten, welches in Notzeiten nicht von seiner

Sippe, sondern vom Staat versorgt wird. Somit ist keiner mehr auf die Unterstützung durch die Sippe angewiesen und kann sich leicht von ihr lossagen, wenn er anderer Meinung ist, als die Verwandten.

Nur die arabischen Clans und Mafia-Abteilungen scheinen noch ein Sippenbewußtsein zu haben und machen es damit deutschen Behörden schwer, sie strafrechtlich zu verfolgen. Denn eine große Sippe kann jeden Richter, Staatsanwalt oder Gegner einschüchtern, bedrohen oder sogar ermorden.

Es ist ganz natürlich, daß junge Menschen anders leben wollen als ihre Eltern, daß sie andere Wertvorstellungen entwickeln als die ihrer Eltern und früherer Generationen. Manchmal aber sind diese anderen Wertvorstellungen auch einfach nur: Keine Werte. Junge Menschen lehnen zuweilen sämtliche traditionellen Wertvorstellungen ab, ohne sie durch andere zu ersetzen. Umgekehrt gibt es inzwischen Eltern, die in der Zeit der 68er Generation sozialisiert wurden und sich nicht für ihre eigenen Kinder interessieren, sich nicht um sie kümmern oder gar Unterhalt zahlen. Daß solche Kinder kein gutes Verhältnis zu ihren Eltern haben können, liegt auf der Hand.

Ich gehe aber von dem Grundgedanken aus, daß jeder Mensch Fehler macht und Fehler hat und der Hinweis auf die Fehler der Eltern keine Rechtfertigung für die Kinder sein darf dafür, mit ihnen nichts mehr zu tun haben zu wollen. Und umgekehrt darf der Freiheitswille der Kinder nicht für Eltern ein Vorwand sein, sich nicht mehr um die Kinder zu kümmern.

Nach meinem Glauben bedingt allein die leibliche Verwandtschaft, daß wir uns in angemessener Weise mit unsern Angehörigen befassen, sie als solche anerkennen, ihren Rat einholen und auf sie setzen. Wenn Geschwister die Sippe brechen, wie es in der Edda heißt, ist die Endzeit nahe. Besonders ärgerlich sind Kinder, die sich von ihren Eltern distanzieren, die am liebsten gar nicht zu dieser Sippe gehören wollen, etwa wenn der Großvater in der Wehrmacht für das nationalsozialistische Deutschland gekämpft hatte oder wenn er sogar an Progromen beteiligt war. Es bleibt dennoch ein Sippenangehöriger. Bekenntnis zur Sippe bedeutet eben nicht, sich nur zu den Guten zu bekennen, auch die Bösen gehören dazu. Die Untaten muß man nicht schönreden, sie bleiben bestehen und die damit verbundene Schuld auch. Aber jeder Mensch hat auch gute Seiten, auch ein politisch irregeleiteter Mensch kann gute Seiten haben.

In der Sippe gibt es bestimmte Strukturen, die für mich immer noch Geltung haben. So ist der älteste männliche Verwandte aus der Linie der Erstgeborenen das Gesamtsippenoberhaupt (Hauschef) und sollte bei Bedarf um Rat gefragt werden. Der Vater ist das Oberhaupt der Familie (Familie als kleinerer Teil der Sippe), und wenn er nicht mehr lebt, tritt der älteste Sohn an seine Stelle.
Wenn ein Bursche ein Mädchen der Sippe heiraten will, muß er natürlich das Mädchen, aber auch den Vater um Erlaubnis fragen. Da meine Frau Vollwaise ist, habe ich ihren Bruder um Erlaubnis gefragt. Denn Frauen sind schwächer als Männer und auch für die Sippe wertvoller (deswegen werden sie nach Seerecht zuerst gerettet) und müssen von der Sippe besonders geschützt werden. Ein Mädchen steht traditionell unter der Munt (Vormundschaft) des Vaters und geht dann in die Munt des Ehemannes über. Das ist natürlich heute alles freiwillig, da die modernen Gesetze eine derartige Munt nicht mehr kennen und seit 1959 der Vater rechtlich nicht mehr das Oberhaupt der Familie ist. Aber in Zeiten zunehmender Kriminalität und schwindender staatlicher Präsenz werden die traditionellen Rollen wieder mehr Bedeutung bekommen. Wahr-

scheinlich werden wir dieses Verständnis auch wieder von den Migranten erlernen, bei denen es immer noch üblich ist.

Der Mann ist im traditionellen Sinne das Oberhaupt der Familie und es gibt auch die klassische Arbeitsteilung: Der Mann arbeitet und bringt das Geld nach Hause (deswegen erhalten Männer oft noch mehr Lohn, da sie den ja nicht für sich allein behalten); die Frau betreut das Haus und die Kinder. Die geringen Kinderzahlen der deutschstämmigen Deutschen rühren auch daher, daß die Politik den Frauen eingeredet hat, sie müßten auch in den Beruf und Geld verdienen. So bleibt kaum Zeit für ein Familienleben mit Kindern. Aus diesen Gründen versuchen meine Frau und ich traditionell zu leben und haben damit bisher keine negativen Erfahrungen gemacht.
Die Emanzipation der Frauen wird vom Grundgesetz abgeleitet und überall eingefordert. Sie ist aber unnatürlich, wie ein Blick ins Tierreich zeigt: Bei den wenigsten Säugetierarten haben die Weibchen das Sagen. Mit der Emanzipation, die selbstständige Frauen hervorbrachte, welche ihre Rolle als weibliche Partnerin nicht mehr annehmen, sondern oft eine Art zweitrangiger Mann werden wollen, geht noch eine andere, negative Entwicklung einher: Männer trauen sich nicht mehr an Frauen heran und werden als Ersatz entweder homosexuell oder sogar pädophil. Ich behaupte, die große Anzahl von homosexuellen und pädophilen Männern in unserer Gesellschaft rührt daher, daß Frauen in den Augen schwacher Männer unerreichbar und unattraktiver erscheinen.

Neben den Sippenangehörigen, die auf der Erde leben, und zu denen wir regelmäßigen Kontakt halten sollten, trotz möglicher unterschiedlicher politischer Vorstellungen, besteht die Sippe auch im Jenseits. Das ist der Gedanke, den moderne Menschen oft nicht nachvollziehen können. Wer stirbt, der ist ja nicht „weg" im Sinne von „nicht mehr existent", sondern er ist nur in einer anderen Seins-Ebene, in einer andern Welt, die uns unsichtbar ist. Wäre tatsächlich mit dem Tode alles aus, dann wäre unser Leben sinnlos, dann wäre die ganze Erde eine Sammlung sinnloser Leben und man könnte sie konsequenterweise zerstören. Sinnlosigkeit braucht niemand.

Aber nichts ist sinnlos, und jeder Verstorbene ist irgendwo und wenn er mit seiner Sippe verbunden war und diese liebte, dann wird er das auch weiter tun, nur eben vom Jenseits aus. Nun liegt es an uns, unsere jenseitigen Sippenangehörigen in unser Dasein mit einzubeziehen, indem wir sie z. B. im Gebet mit ansprechen, indem wir in den entsprechenden Ahnenfesten ihrer Gedenken oder ihre Gräber besuchen. Ja, wurde einer ermordet, und der Mörder läuft noch frei herum, dann hätten wir auch die Pflicht, den Sippenangehörigen zu rächen, damit er seine Ruhe finden kann. Alle unsere Entscheidungen müssen wir immer mit dem Hintergedanken tätigen, wie das unseren verstorbenen Sippenangehörigen gefällt. Das bezieht sich z. B. auf die Partnerwahl, aber auch darauf, wie wir mit den Dingen, die die Sippenangehörigen einst schufen, heute umgehen: Würdigend oder mit Verachtung.

Wenn man auf einen Trödelmarkt geht, ist man als Heide oft erstaunt, wenn man alte Photoalben mit Familienbildern sieht. Was müssen das für Menschen gewesen sein, die derartige Erinnerungen einfach auf den Trödel geben? Oder was für Erben, die Großmutters Familienbilder (ihrer eigenen Vorfahren) dem Wohnungsauflöser überlassen? Glauben solche Menschen wirklich, daß ihnen so ein achtloses Verhalten Glück bringt? Würde ich, wenn ich Erben so mit meinen Sachen umgehen sehe, diesen Erben noch (vom Jenseits aus) Hilfe leisten in Not- und Krankheitsfällen? Wäre ich nicht eher erzürnt und würde sie bestrafen? Aber viele heutige, materialistische Menschen leben allein in der Gegenwart, kümmern sich nicht um die Vergangenheit oder distanzieren sich sogar von ihr, und an die Zukunft denken sie auch nur oberflächlich. Dabei ist die Gegenwart eigentlich gar nicht existent, ein gedachter kleinster Wendepunkt zwischen dem Strahl der Vergangenheit und der Fortsetzung in die Zukunft. In dem Augenblick, in dem ich von der Gegenwart rede, ist sie ja schon wieder vorbei.

Die Ahnen sind übrigens auch ein regelrechtes Mysterium, denn wir haben zwei Eltern, 4 Großeltern, 8 Urgroßeltern, 16 Alteltern usw., die Zahl der Vorfahren verdoppelt sich mit jeder Generation (also etwa alle 25 Jahre). Rechnen wir nur 1000 Jahre zurück, dann haben wir mehr Ahnen, als damals auf der ganzen Welt Menschen lebten. Nur durch Inzucht ist diese große Zahl erklärbar. Und diese Inzucht erfolgte in der Regel unter Personen in unserer Region. Dadurch haben wir bestimmte Gene stärker vertreten, andere weniger oder gar nicht. Diese Gen-Mischung macht unsere Identität aus; die Nationalsozialisten träumten von blonden, blauäugigen Germanen, doch diese bildeten nie das, was die Germanen ausmachten. Die Germanen waren ein bestimmtes Gemisch, welches in der Bronzezeit durch Mischung zweier Hauptkulturen entstanden ist (Trichterbecher- und Glockenbecherkultur).

Oft kommt der Einwand, wir wären bereits durch Völkerwanderungen und diverse Einwanderungen so gemischt, daß es eine genetische Identität gar nicht mehr gibt. Das ist Unsinn. Wenn im 5. Jh. einige Hunnen germanische Frauen vergewaltigten, dann entstanden tatsächlich Nachkommen, die 50 % hunnische Gene hatten. Aber die Hunnen blieben nicht lange und diese Nachkommen in Germanien wählten daher Partner aus Germanien. Deren Kinder hatten nun nur noch 25 % hunnische Gene. So ging es weiter und die Zahl fremder Gene mendelte sich von Gegeration zu Generation wieder heraus. Zwar sind die hunnischen Gene nicht völlig fort, denn durch stetiges Halbieren wird die Zahl zwar immer kleiner, verschwindet aber nie ganz, doch sie ist so klein, daß sie für uns keine erwähnenswerte Bedeutung hat.

Im Adel kommt es besonders auf die Kenntnis der eigenen Vorfahren an. Ich konnte meine Ahnen väterlicherseits bis etwa ins 11. Jh. zurückführen. Erst die modernen Rechner und das Weltnetz halfen mir, auch eine mütterliche Linie erforschen zu können, und hier zeigte sich, daß da unter den Vorfahren nicht nur Menschen wie Karl der Große oder Widukind sind, sondern sogar Gottheiten. Meine Frau hatte diese Linien durch eine Weltnetzseite (geni.com) gefunden, denn sobald man unter den Ahnen Angehörige des höheren Adels findet, kommt man irgendwann auch zu Königshäusern, und einige davon führten ihre Linien auf Gottheiten zurück. Ob die damals nicht nur etwas behauptet hatten, was jeder Realität widersprach oder ob sie ernsthaft recherchiert hatten, wissen wir natürlich nicht. Auch kann in einer langen Ahnenlinie irgendeine Frau ihrem Mann ein Kuckuckskind untergeschoben haben, was die ganze Reihe unterbrechen würde. Sicherheit hat man also nie.

Und natürlich stammen auch die meisten anderen Menschen unseres Landes von Gottheiten ab, denn in der Edda wird ja der Gott Heimdall, Sohn Wodans als Ahnherr der Menschen oder der Germanen bezeichnet; in der Germania ist es Mannus (= Heimdall), Son des Tuisto (= Wodan). Auch Wodan ist wahrscheinlich bei vielen deutschstämmigen Deutschen unter den Ahnen, nur können sie es nicht im Detail auflisten oder haben sich dafür noch nicht interessiert. Ich behaupte also in keiner Weise, daß ich etwas Besonderes wäre, weil ich meine Vorfahren auch auf Wodan zurückführen kann. Ich erwähne es hier nur, weil es mein Selbstverständnis geprägt hatte und liste den Stammbaum auf, weil dieses Bewußtsein auch mein Dasein als Heide beeinflußt:

54. WODAN
53. König Vegdagr von Kent
52. König Witta von Kent
51. König Wintgils von Kent
50. König Hengest von Kent
49. König Aesc von Kent
48. König Ochta von Kent
47. König Eormenric von Kent
46. Saint Ethelbert I. von Kent
45. König Eadbald von Kent
44. Eormenrec
43. Ethelberht
42. Billung von Wenden, Graf von Sachsen
41. Dobeogera von Wenden, Königin der Sachsen
40. König Wernike von Sachsen
39. WIDUKIND, Herzog von Sachsen
38. Hasalda von Sachsen oo Bruno II., Herzog von Sachsen-Engern
37. Graf Eckbert von Sachsen oo Ida von Sachsen
36. Mathilda von Merseburg oo Graf Reginhart von Westsachsen
35. Graf Dietrich von Ringelheim oo Reinhild von Friesland
34. Königin Mathilde oo König Heinrich I. (der Vogler) des Ostfrankenreichs
33. Hadwig von Sachsen oo Herzog Hugo der Große von Franken
32. Hugo Capet oo Adelheid von Aquitanien
31. König Robert II. von Frankreich oo Konstanze von Arles
30. Herzog Robert I. von Burgund oo Helie von Semur
29. Konstanze von Burgund oo König Alfons VI. von Leon-Kastilien
28. Urraca I. Königin von Leon-Kastilien oo Grauf Raimund von Burgund
27. Alfons VII. Kaiser von Spanien oo Gontroda Perez
26. Urraca von Kastilien oo Garcia IV. König von Navarra
25. Sancha de Navarra oo Pierre Manrique de Lara, Graf von Narbonne
24. Aimery III. Manrique de Lara, Graf von Narbonne oo Marguerite de Montmorency
23. Graf Almerich von Narbonne oo Philippine de Bermont d'Anduze
22. Gausserande von Narbonne oo Guillaume de Voisins
21. Alissende de Voisins oo Raymont Geoffroy de Castellane
20. Boniface de Castellane oo Jeanne de Vintimille
19. Boniface de Castellane oo Philippa de Roquefeuil
18. Sybille de Castellane oo Baron Bertrand IV. de Vintimille
17. Baron Bertrand V. de Vintimille oo Catherine de Grasse
16. Baron Bertrand VI. de Vintimille oo Jeanne de Castellane
15. Baron Bertrand VII. de Vintimille oo Yolanda de Lascaris
14. Baroness Jeanne de Vintimille oo Jean Maynier Baron d'Oppede
13. Jean Maynier Baron d'Oppede (später: Johann Dopheide) oo (unbekannt)
12. Johann Dopheide oo (unbekannt)
11. Johann Dopheide oo (unbekannt)
10. Johann Heinrich Dopheide oo Anna Katharina Elisabeth Austmann
9. Johann Friedrich Dopheide oo Anna Maria Flaßbek
8. Johann Hermann Dopheide oo Catherine Margarete Waldeyer
7. Johann Hermann Dopheide oo Maria Agnese Bentlage
6. Catharine Elisabeth Dopheide oo August Friedrich Buschkamp
5. Friedrich Wilhelm August Buschkamp oo Margarethe Charlotte Kornfeld
4. Heinrich Wilhelm Buschkamp oo Anna Maria Menne
3. Friedrich Ernst Buschkamp oo Thekla Margarethe Roskwitalski
2. Ines Maria Buschkamp oo Baron Josef Franz von Nahodyl Neményi
1. Baron Géza Árpád von Nahodyl Neményi

Die Abstammung im mütterlichen Stamme ist zwar nicht soviel Wert, wie die im Mannesstamm und dann die im Stamme des Namens, aber es besteht eine durch diese Quellen belegte Blutsverwandtschaft.

Nachdem ich das nun weiß (meine Frau hat diese Forschungen erst 2017 beendet), gehe ich natürlich anders mit den Göttern um. Die oben abgedruckte Reihe ist nur ein Teil, bekannt sind auch einige Nebenlinien und da kommen auch noch Gottheiten vor. Ich bete nun also zu den Göttern nicht mehr als ein Fremder, der sich an Sie wendet, sondern als ein Nachkomme, der sich an seine Ahnen wendet und wegen der Verwandtschaft auch mehr erwartet. Aber ich möchte auch z. B. die Sonnengöttin nicht einfach „Ahnin" nennen; das macht Sie alt und entspricht nicht der Wahrnehmung, daß die Sonne ja nicht gestorben ist. Deswegen nenne ich Sie „Verwandte", so daß ich die Frage des Alters aussparen kann. Bei vielen Gottheiten (Wodan, Fria, Baldur bzw. Dagr, Nanna, Sunna, Nerd, Ing-Fro, Gerd, Fjörgyn, Delling, Gefjon) ist Abstammung nachweisbar, auch bei antiken Gottheiten (Zeus, Hera, Poseidon, Aphrodite, Mars und andere). Verwandtschaft besteht dann natürlich durch Wodan Selbst, denn Er ist ja Allvater, und wenn ich in langer Kette von Ihm abstamme, bin ich auch mit Seinem Sohn Donar verwandt und den anderen Gottheiten.

Als mein älterer Bruder heiratete, war es eine Frau aus der Sippe Becht. Ich als Heide hörte den Namen und mir war gleich klar, daß diese Sippe irgendetwas mit Berchta (Frau Bercht, Frau Holle, Fria) zu tun haben müßte. Für die Hochzeitseinladung suchte ich also das Wappen der Familie Becht heraus und fand es im großen Siebmacher-Wappenbuch. Der Vorfahr im 15. Jh. hatte einen Schwan auf drei Hügeln in sein Wappen aufgenommen. Nun ist aber der Schwan ein heiliges Tier der Göttin Fria und damit war mir klar, daß diese Sippe sich der Bedeutung des Namens und ihrer Abstammung von der Göttin Berchta noch im 15. Jh. bewußt war. Auch solche Dinge sind Indizien für eine Götterabstammung oder zeigen doch zumindest eine besondere Nähe dieser Sippe zu der Gottheit. Da man aber einer nicht abstammenden Sippe niemals gestattet hätte, den Namen der Göttin zu führen, muß wohl eine Abstammung vorliegen – erwiesen ganz ohne Chroniken, angelsächsische Königsreihen oder den Listen im Weltnetz.

Seit 2017 weiß ich also von meiner Abstammung und Verwandtschaft und bete nun zu den Gottheiten als meine lieben Verwandten. Natürlich steckt da auch der durchschaubare Wunsch dahinter, die Götter auf diese Weise zu besonderen Hilfen zu bringen. Und sollte irgendein Fehler in der langen Kette der Vorfahren sein, dann wäre das zwar schade, aber wäre nicht mein Verschulden, so daß ich denke, die Götter werden mir nicht vorwerfen, was ich nicht wissen konnte.

Da nun aber auch alle anderen Germanen in unserm Lande von den Göttern abstammen, muß ich auch diese Menschen anders betrachten als ich es vielleicht früher tat. Sicher, der Abstammung sind sich die meisten nicht bewußt, ja, leugnen sie oder verhalten sich dennoch feindlich gegen ihr eigenes Volk, doch das ist ihr Problem und damit auch ihr Karma. Wenn andere Menschen sich falsch verhalten, dann kann das keine Ermächtigung für mich sein, mich ihnen gegenüber auch falsch zu verhalten. Die Menschen unseres Volkes sind götterentstammt, Nachkommen Heimdalls und anderer Gottheiten und also solche muß ich sie besonders betrachten. Das sieht man auch an Stammesnamen, die auf Götter gedeutet werden können, etwa Hessen zu Hesus (= Asus, Wodan) oder Sachsen zu Saxnot (= Tius, Tyr). Auch sind alle einheimischen Germanen miteinander verwandt und man muß sie daher wie Verwandte behandeln.

Tacitus selbst hatte es vor zwei Jahrtausenden in seiner Germania (Kap. 2) schon geschrieben:

»In alten Liedern, der einzigen Art ihrer geschichtlichen Überlieferung, feiern die Germanen Tuisco, einen erdentsprossenen Gott. Ihm schreiben sie einen Sohn Mannus als Urvater und Gründer ihres Volkes zu, dem Mannus wiederum drei Söhne; nach deren Namen, heißt es, nennen sich die Stämme an der Meeresküste Ingävonen, die in der Mitte Herminonen und die übrigen Iscävonen. Einige versichern – die Urzeit gibt ja für Vermutungen weiten Spielraum –, jener Gott habe mehr Söhne gehabt und es gebe demnach mehr Volksnamen: Marser, Gambrivier, Sueben, Vandilier, und das seien die echten, alten Namen.«

Daß die Germanen ein Gemeinschaftsgefühl ihrer Identität hatten, weist der Anthropologe und Völkerkundler Andreas Vonderach in seinem Buch „Gab es Germanen?" (2017) für die Kaiserzeit und Völkerwanderungszeit nach. Und Prof. Dr. Harald Meller aus dem Landesmuseum für Vorgeschichte in Halle sagt über die Menschen der Bronzezeit und uns heutige Menschen:

»Wir sprechen heute noch diese Sprachen, tragen die Gene heute noch in uns, so daß wir mit einer gewissen Berechtigung zwischen der Zeit um 2000 [v. u. Zt.] bis heute von einer Bevölkerungskontinuität ausgehen können.«

Das bedeutet, daß wir Deutschen direkte Nachkommen der Germanen der Bronzezeit sind und diese haben sich als Nachkommen der Götter verstanden. Es gibt also keinen Grund, daß wir nicht auf unsere ältesten Vorfahren stolz sein könnten.

Wir alle müssen wieder den Zusammenhalt unseres Volkes fördern und lernen, es als von den Göttern gewollte und geschaffene Struktur zu würdigen. Die Angehörigen eines Volkes sind durch vielfache Beziehungen der Vorfahren miteinander verwandt und haben ähnliche Gene. Daher denken sie ähnlich und handeln ähnlich. Die Entstehung eines Volkes ist von den Göttern gewollt und es zu erhalten, ist deswegen unsere Aufgabe.

Kapitel 16

Der Mensch

Das praktizierte Heidentum betrifft aber nicht nur das Verhältnis Mensch-Gottheit oder Mensch-Natur, sondern bestimmt auch das menschliche Dasein, Denken und Verhalten.

Da ist zuerst an das Streben nach heidnischen Tugenden zu denken, wie z. B. Mut, Tapferkeit, Willensstärke, Vertrauen an die Götter, Einhaltung gegebener Worte und Versprechungen, Verläßlichkeit, Pünktlichkeit usw. Die berühmte „German Angst" ist dagegen eine Errungenschaft unserer Zeit.

Der moderne Mensch schert sich um viele der traditionellen Werte nicht mehr, sagt z. B. Treffen zu und kommt dann nicht oder gibt sein Wort und hält es dann nicht; ja, wenn nichts Schriftliches vorliegt, wähnt er, er müsse auch keine mündlich gegebenen Zusagen einhalten. Im Heidentum bei unseren Vorfahren gab es nichts Schriftliches; alle Verträge wurden mündlich mit Handschlag abgeschlossen. Wer sein gegebenes Wort nicht einhielt, der schloß sich damit selbst aus der menschlichen Gemeinschaft aus, denn wer gegebene Zusagen nicht einhielt, mit dem konnte niemand mehr Geschäfte, Verträge, Absprachen vereinbaren, da zu befürchten war, daß er diese gleichfalls nicht einhalten werde. Der Wortbrecher disqualifizierte sich selbst von jeden weiteren Verträgen und Geschäften, was damals ein großer Nachteil gewesen war. Auch heute noch gelten mündlich geschlossene Verträge mit Handschlag als rechtlich wirksam, allerdings dürfte der Nachweis eines derartig geschlossenen Vertrages vor Gericht schwierig werden, wenn der Vertragspartner alles ableugnet.

Ich versuche jedenfalls alles, um mein Wort einzuhalten oder eingegangene Verpflichtungen zu erfüllen. Als Gode muß ich z. B. rechtzeitig zu den Jahresfesten erscheinen. Einmal klappte es irgendwie nicht, ein Zug war ausgefallen und ich hätte das Heiligtum mit dem öffentlichen Nahverkehr nicht mehr pünktlich erreichen können. So nahm ich für viel Geld ein Taxi und erreichte den Ort noch zum angestrebten Zeitpunkt. Dort aber stellte ich fest, daß ich mich mit der Anfangszeit vertan hatte und daß ich nun viel zu früh dort war.

In unserer Gesellschaft gibt es einen Zeitgeist oder Mainstream, also eine Vorstellung, wie man normalerweise lebt oder leben sollte. Diese Vorstellung wird durch die Medien (vor allem Filme) verbreitet, ohne daß wir genau wissen können, ob die Menschen wirklich so leben, wie es darin gezeigt wird. Wenn etwa in amerikanischen Filmen bestimmte vulgäre Schimpfworte ganz normal verwendet werden, dann bezweifle ich, daß dies in deutschen Familien ähnlich ist. Ich denke, viele Menschen leben immer noch recht traditionell, nur kommt das in den Medien kaum vor, da man um Aufmerksamkeit zu erregen Tabus brechen will und die Gesellschaft auch beeinflussen, indem man das „Wunschbild" transportiert und das „Realbild" verschweigt. Wie auch immer, der Zeitgeist ist menschengemacht und nicht von den Göttern. Ich habe zuweilen mit Neoheiden gesprochen, die mir einreden wollten, daß auch die Götter sich ändern und heute andere Dinge verkünden würden als früher. Das glaube ich allerdings nicht, denn Gottheiten leben ewig und ändern Ihre Werte nicht, nur weil es den gegenwärtigen Menschen gerade in den Kram paßt und besser gefällt. Dann wären diese göttlichen

Werte schlichtweg nichts wert, Unwerte, wenn sie ein bestimmtes Verfallsdatum hätten.

Tatsächlich zeigt sich mir in solchen Diskussionen nur eines, nämlich das Unvermögen, an Gottheiten wirklich glauben zu können. Wenn es Gottheiten gibt, dann können Sie sich irgendwie mitteilen und uns Ihre Werte vorgeben. Das ist dann z. B. in heiligen Mythen, Überlieferungen oder Offenbarungen enthalten. Würden Gottheiten Ihre Werte ändern, wäre es Ihnen ein Leichtes, uns auch das irgendwie mitzuteilen. Da wir also in den Eddaliedern, die ja aufgeschriebene Mythen sind, die von Gottheiten offenbart wurden und dann über lange Zeiträume mündlich überliefert wurden, die Wertvorstellungen der Götter finden, gibt es eigentlich nur zwei Schlußfolgerungen: Entweder, das sind wirklich die Werte der Götter, dann müssen wir sie auch einhalten und uns danach richten. Oder es sind nur von Menschen ersonnene Texte, die nicht von den Göttern stammen oder inspiriert wurden. Dann wäre es unlogisch, sich danach zu richten. Allerdings müßten wir dann auch alles andere in den Mythen in Frage stellen, bis hin zu den Namen und Beschreibungen der Götter selbst. Eigentlich bliebe dann rein gar nichts mehr übrig von der Religion, Mythologie und den Gottheiten der Vorfahren. Man kann also nicht argumentieren, daß es die Götter gibt, weil Sie in den Mythen genannt werden, dann aber die Werte, die Sie dort vertreten, nicht als authentisch ansehen. Entweder die Mythentexte stimmen oder sie sind unecht; ein Teils-Teils kann es nicht geben und wäre nur eine willkürliche Auswahl. Auch würde man unseren Vorfahren vor einem Jahrtausend damit bescheinigen, daß sie an Unsinn geglaubt haben, daß sie also auch in keiner Weise medial gewesen sein können, denn dann hätten sie den Unsinn ja gleich entlarven können.

Wenn es also Gottheiten gibt, wofür nicht nur unsere auch hellseherischen Vorfahren mit ihren Mythen sprechen, sondern auch die schon erwähnten Träume von Gottheiten bei Menschen, die von den Gottheiten gar nichts wissen, dann haben diese Gottheiten auch die Macht, uns Ihre Mythen zu überliefern, was Sie z. B. in den Eddaliedern taten. In diesem Zusammenhang ist beachtenswert, was der indianische Geist White Eagle durch ein Medium mitteilte. Er sagte zu den mythischen Überlieferungen (Naturgeister und Engel, Forstinning 1983, S. 48):

»Denkt darüber nach, denn aus dem Norden kommt ein großes Erbe geistigen Reichtums. Als vor langer Zeit ein Großteil der Erde in geistige Finsternis gehüllt war, zogen sich weise Männer zurück, um in den nordischen oder hyperboräischen Regionen zu leben. Ohne tiefer in die mystische Bedeutung dieser Tatsachen eindringen zu wollen, möchten wir dennoch klarstellen, daß die Menschheit aus dem Norden einen Reichtum geistiger Erkenntnisse erhalten hat, eingehüllt in Legenden, Sagen und Mysterien.«

Was außer dem Text der Edda kann hier gemeint sein? Die Durchgaben von White Eagle stammen aus unserer Zeit und nirgends erwähnt er etwa, daß die Mythen nicht mehr gültig sein würden.

Wer sich also „Heide" nennt, von den Göttern redet aber Ihre Werte ablehnt und sich stattdessen nach dem menschengemachten Zeitgeist richtet, der ist in Wahrheit kein Heide, sondern er spielt nur „Heide", er benutzt Versatzstücke, dringt aber nicht in die inhaltliche Substanz vor, er klebt Etiketten auf Schubladen, aber diese sind leer.

Ich hingegen richte mich nach den Werten der Götter und wurde und werde deswegen oft angegriffen. Das fängt schon beim Verhältnis Mann-Frau an. Traditionell ist eben der Mann das Oberhaupt der Familie, auch der Vormund der Frau und es gibt Arbeitsteilung: Der Mann bringt das Geld ins Haus, die Frau versorgt Kinder und Haushalt. Früher mußte der Mann Jagen oder Sammeln, heute muß er einen Beruf ausüben, um das Geld zu verdienen. Nach dem heutigen Zeitgeist und damit dem modernen Recht ist der Mann nicht mehr das Oberhaupt der Familie. Weil im Jahre 1949 die Parlamentarier sich ein Grundgesetz erdacht haben, in dem von Gleichberechtigung die Rede ist, deswegen wurden nach und nach alle Gesetze entsprechend geändert. Menschenwerk, Menschensatzung ersetzt nun das, was uns die Gottheiten überlieferten und wonach sich unsere Vorfahren richteten.

Nach den Werten der Götter sind Homosexualität, Transsexualität usw. ein Fehler; es handelt sich um ein negatives Karma, und Betroffene sollten das überwinden, wenn sie sich an die ewigen, göttlichen Werte halten wollen, nicht ausleben.

Unsere Vorfahren haben zwar den Mann als Oberhaupt der Sippe angesehen, was sich nicht nur in erhaltenen germanischen Gesetzen zeigt, sondern auch in Details in den Mythen (wenn etwa die Asen vor den Asinnen angerufen werden), aber die Frauen hatten dennoch ihre Rechte: Die Hausfrau erhielt Speise zuerst und hat das Recht, Besucher abzuweisen, trägt die Schlüssel des Hauses am Gürtel und verwaltete später auch das Geld. Beim Thing hatten nur verheiratete Männer Stimmrecht, alleinstehende Männer oder Frauen hatten dort kein Stimmrecht. Aber Frauen berieten untereinander im Mál (Rat), wo wiederum keine Männer zugelassen waren. Männer konnten mehrere Ehefrauen nehmen oder Kebsfrauen nebenbei; Frauen durften das nicht (weil sonst nicht geklärt war, von welchem Vater ein Kind abstammte). Ehebruch war immer der Ehebruch der Frau; ein Mann konnte nur eine fremde Ehe brechen, indem er die Ehefrau verführte. Dafür konnte er dann aber auch bußlos erschlagen werden (vom betrogenen Ehemann der Frau).

In einer Naturreligion wird eben auch Rücksicht auf die unterschiedliche Natur von Mann und Frau genommen; das Männliche wirkt nach Außen, das Weibliche nach Innen.

Nacktheit war nicht verpönt; das kam erst mit dem ursprünglich orientalischen Christentum zu uns. Ich erinnere mich noch an einen meiner ersten Besuche an den Externsteinen, Mittsommer 1984; da gab es zahllose Wicca-Coven (Hexengruppen, Esoteriker), und die weise Frau Mellie Uyldert brachte den jungen Menschen uralte kultische Tänze bei, unterstützt von Hanna Joel, die die Runenstellungen lehrte. Es war warm, und nach den Treffen war es gegeben, in dem künstlich aufgestauten See der Wienbeke zu baden. Ich war hier der erste, der ins Wasser ging und natürlich nackt war. Erst zaghaft trauten sich dann auch einige der Wiccas es mir gleichzutun. Denkt man darüber nach, merkt man, wie unlogisch es ist, sich wegen des Wassers zwar der Kleidung zu entledigen, aber dann spezielle Kleidung zum Baden anzulegen. Oft haben die Betreffenden auch Hemmungen, weil sie meinen, ihr Körper sähe nicht so gut aus. Hier muß man wohl tiefergehende Psychoanalyse betreiben: Wieso lassen sich denkende Menschen von der Werbung irgendwelche Bilder einreden, wie ein Körper auszusehen habe? Hat man je von den Naturvölkern in Afrika oder Süd-Amerika gehört, daß sie Hemmungen hätten, unbekleidet herumzulaufen? Ist nicht die Furcht, einem Idealbild nicht zu entsprechen ein Hinweis auf eine regelrechte Gehirnwäsche, eine totale Beeinflussung durch Medien und Werbung? Davon muß man sich befreien, in der Natur ist alles schön, und man muß lernen, zu sich und zu seinem Aussehen zu stehen und Schönheit auch da zu erkennen, wo sie nach dem Bild der Werbung angeblich nicht ist.

Eine Grundzufriedenheit mit sich selbst, seinem Körper, seinem Umfeld muß man sich erwerben, man muß sich klarmachen, daß einen die Götter so, wie man ist, geschaffen und gewollt haben. Dann bekommt man ein gutes Selbstbewußtsein. Bilder, die uns die Werbung einredet, sind menschengemacht und nicht von Bestand. Vor 120 Jahren war das Frauenbild eher üppiger und kurviger, in den 20er-Jahren kam dann die flache, leicht männlich wirkende Frau mit Bubikopf in Mode; dann war auch das wieder Vergangenheit und es war der athletische Typ gefragt; mit Twiggy wurden die „Idealfrauen" dann magersüchtig usw. Wer sich nach so etwas richtet, der ist nicht geistig frei, sondern beeinflußter Sklave des Zeitgeistes, der von der Modeindustrie geprägt wird.

Muttermale sollen angeblich die Schönheit beeinträchtigen. Aber man kann sie auch deuten, der Ort, wo sich eines befindet, kann bedeutend sein. Nach einer andern Theorie sind übrigens Muttermale am Körper Spuren von Verwundungen in einem früheren Leben. Wer also z. B. ein Muttermal im Gesicht hat, der wurde danach im früheren Leben durch eine Kugel, Pfeil, Messer oder ähnlichem getötet, die genau dort eindrang. Viele Muttermale zusammen sollen dann z. B. von Granatsplittern oder Maschinengewehrsalven stammen. Auch Messerstiche sollen solche Muttermale im Körper des nächsten Lebens verursachen.

Zu unserem Körper und Aussehen zu stehen bedeutet aber nicht, sich gehen zu lassen. Der Körper als Gefäß unseres Geistes muß von uns auch gepflegt und gesund erhalten werden. Dazu gehört eine gesunde Lebensweise und gesunde Ernährung.
Heidnisch ist es, sich vegetarisch zu ernähren, denn der Gott Zalmoxis, der nach Ansicht vieler Forscher eine Inkarnation Wodans im Lande der Thraco-Geten ist, lehrte die fleischlose Ernährung und schaffte dort die Blutopfer ab. Auch die heidnischen Griechen kannten die vegetarische Ernährung, denn sie erkannten die nahe Verwandtschaft der Säugetiere mit uns Menschen.

Unbestritten ist aber, daß die Skandinavier Fleisch aßen und das auch durften; Wodan lehrte dort nichts von fleischloser Ernährung. Das wäre auch sehr zynisch gewesen, denn mit einem göttlichen Fleischverbot hätte man dort im Norden die kalten Winter nicht überleben können. Deswegen lehrte Wodan das Fleischverbot nur im Süden, in Thracien bei den Thraco-Geten (Goten), wo eine fleischlose Ernährung ohne Schwierigkeiten möglich war. Es handelt sich also um ein Ideal, was nur dort, wo es möglich ist, eingehalten werden soll. Heute ist es uns möglich, fleischlos zu leben und deswegen sollten wir das auch tun.

Nach meiner eigenen Beobachtung werden die Menschen unseres Landes immer feiger, immer ängstlicher. Der englische Begriff „German Angst" ist ja nicht unbegründet entstanden. Woran liegt das nun? Vielleicht an den fehlenden Initiationen, denn die meisten Menschen haben nie in ihrem Leben dem Tod ins Auge geblickt und fürchten ihn deshalb. Dann natürlich am fehlenden religiösen Glauben, denn nach der Vorstellung von Materialisten ist nach dem Tode alles aus, also muß man den Tod fürchten. Ich denke auch, daß im 2. Weltkrieg eine einseitige Selektion stattgefunden hatte: Wer mutig war, der ging tapfer an die Front und starb dann dort, wer ängstlich war, der versteckte sich, drückte sich vor einem Fronteinsatz oder flüchtete ins Ausland. So konnten sich die Mutigen nicht vermehren, die Ängstlichen aber bekamen Kinder und vererbten ihre Angst.

Der Hauptgrund aber ist das Fleischessen. Tiere sind nicht dumm, merken, wenn sie in den Schlachthof kommen, daß es ihnen nun an den Kragen geht. Sie riechen das Blut ihrer Artgenossen, spüren die Gedanken und hören die Schreie. So bekommen sie selbst auch Furcht und im Körper entstehen Angsthormone. Diese kommen ins Fleisch, und wer das Fleisch oder die Fleischprodukte ißt, der übernimmt auch die Angsthormone. Noch schlimmer ist es bei Schächtungen, wo die Tiere qualvoll sterben und noch viel Zeit haben, die Angsthormone zu erzeugen.

Unsere Vorfahren kannten derartige Tatsachen und man gab z. B. dem Gutthorm Wolfsfleisch zu essen, um ihn mutiger zu machen.

Nur wenn man ein Tier ganz unerwartet, unvermittelt und plötzlich tötet, indem man den Kopf abschlägt, könnte man die Angsthormone vermeiden. Nur ist so ein Töten mehr als heimtückisch. Wer kann denn ein Tier, daß er immer gut behandelte, so enttäuschen, indem er es plötzlich tötet? Der Geist des Tieres lebt ja weiter und ist sehr enttäuscht. Er könnte sich an dem Töter rächen – nicht umsonst geben Jäger dem erlegten Wild den letzten Bissen ins Maul und ziehen ihren Hut vor dem toten Tier. Derartige Bräuche sind uralt und magisch und sollen verhindern, daß sich der Geist des Tieres am Jäger rächt. Auch Bäume haben einen Geist, der sich rächen könnte, daher bittet man die Bäume um Entschuldigung, bevor man sie fällt, wie ich ja schon schrieb.

Ich sage sogar einer Zwiebel, die ich schneiden will, daß sie nicht sterben wird, sondern ihre Zellen in uns weiterleben werden; und wir werden irgendwann selbst zu Erde, in der auch wieder Zwiebeln leben können. Eine Zwiebel ist ein Lebewesen und könnte sofort weiterwachsen, würde man sie einpflanzen und gießen. Also töte ich ein Lebewesen, anders als wenn ich Blätter oder Früchte essen würde. Früchte könnten zwar auch Keimlinge erzeugen, aber sie sind nicht schon in dem Stadium des Lebens, abgesehen davon, daß man z. B. die Apfelkerne ja gar nicht essen würde.

Zu Krankheiten noch einige Gedanken. Ich bin davon überzeugt, daß einige Krankheiten von regelrechten Krankheitsdämonen erzeugt werden. Dennoch stehen auch sie in der großen Ordnung der

Schöpfung, und es ist in der Regel eine Folge falschen Denkens und Handelns, wenn so ein Krankheitsdämon an uns herankommen kann, um uns mit der Krankheit zu schaden. Somit hilft die Krankheit uns, um über unser falsches Tun nachzudenken und wieder auf den richtigen Weg zu gelangen.

Als ich mich mit der Rippenschöpfung der Eva, wie sie in der Bibel enthalten ist, befaßte, stieß ich auch auf den zugrundeliegenden Urmythos (den habe ich in meinem Buch „Der Ursprung biblischer Mythen" behandelt). Nach diesem sumerischen Urmythos schuf die Göttin Ninhursag für jedes Organ des Körpers eine spezielle heilende Gottheit. Mit diesem Wissen kann man nun jedes Organ im Körper ansprechen, ihm dafür danken daß es gut funktioniert oder auch ihm besondere Energie zuleiten. Wir nehmen unseren gesunden Körper als Selbstverständlichkeit hin und vergessen, daß es gar nicht selbstverständlich ist, in einem gesunden Körper zu sein; viele Menschen haben Behinderungen, Leiden, Krankheiten und wären glücklich, wenn sie einen gesunden Körper hätten. Dank an die Götter ist also sicher angezeigt.

Krankheiten, die von Krankheitsdämonen erzeugt werden, können wir dadurch heilen, daß wir unser Leben, unser Tun ändern. Dann verläßt uns der Krankheitsdämon wieder, da es ihm bei uns nicht mehr gefällt. Aber auch mit schamanischen Techniken (Räuchern, Trommeln, Lärmen und mit abwehrenden magischen Handlungen) kann ein Krankheitsdämon vertrieben werden. Der Arzt heilt nur die Auswirkungen dessen, was der Dämon verursachte, er vertreibt den Dämon nicht, und wenn der Patient das Krankenhaus verläßt, ohne sein Leben zu ändern, gibt es bald einen Rückfall. Man kann auch einem Krankheitsdämon etwas opfern mit der Bitte, einen zu verschonen, doch läßt sich nicht jeder darauf ein. So opferte man einem entfernten Baum(geist) um Gesundheit für das eigene Kind.

Jeder Krankheit hat auch eine seelische Ursache; man sollte versuchen, diese Ursache zu erkennen, um so die Krankheit in den Griff zu bekommen.

Für die kleinen Leiden gilt, daß ich sie mit Homöopathie heilte oder mit Naturheilkunde. Ich habe mit der Homöopathie beste Erfahrungen gemacht und kann Menschen nicht verstehen, die behaupten, sie würde außer einem Placeboeffekt nichts bewirken. Auch Haustiere kann man so heilen, die gar nicht wissen, daß man ihnen ein homöopathisches Mittel ins Futter gemischt hatte.

Ein Beispiel aus meinem Leben. Im Horoskop meiner Frau war im Hause des Partners ein schlimmer Saturn-Aspekt zu sehen. Am Tage, wo er gradgenau war, drohte mir Gefahr und ich wollte deswegen zuhause bleiben. Leider kam ein Vertreter der Zaunfirma, die ein Zaunfeld neumachen sollte, genau an diesem Tage. Ich führte den Mann zu dem alten Zaun, hatte nur dünne Pantoffeln an und trat genau auf den rostigen Nagel einer der alten Zaunlatten. Die Behandlung der Wunde in der Notaufnahme des Krankenhauses verhinderte nicht eine Sepsis (Blutvergiftung) und so mußte ich etwa eine Woche stationär ins Krankenhaus. Dort wurde zwar die Blutvergiftung geheilt, ich handelte mir aber Darmbakterien, Clustriden, ein. Leider ist es mit der Hygiene in unseren Krankenhäusern oft schlecht bestellt. Clustriden, die Durchfall verursachen, bekämpft man mit Antibiotica, doch in der Regel vergeblich; man muß sie jahrelang einnehmen, mit allen möglichen Nebenwirkungen für Nieren und Leber. Das wollte ich als Heide natürlich nicht, viel zu groß ist mein Mißtrauen in die Schulmedizin. Wir griffen also auf ein Naturheilmittel zurück: 1 Pfund Möhren bei kleiner Flamme in 1 Ltr. Wasser eine Stunde gekocht, etwas Salz; das Ganze püriert ergibt eine schöne Möhrensuppe. So eine muß man zwei Wochen jeden Tag essen. Aber schon nach drei Tagen waren die Clustriden weg. Man fragt sich, warum Ärzte einem dies nicht sagen, sondern jahrelang mit gefährlichen Antibiotica quälen? Wahrscheinlich, weil Möhren keine Lobby wie die Pharma-Industrie haben. Der Fall bewies mir nebenbei auch noch die Wirksamkeit der Astrologie.

Als Oktober 2012 und Februar 2013 in Berlin in der Charité einige Menschen an Darmkeimen (Klebsiella) starben, versuchte ich, die zuständigen Ärzte zu erreichen, um ihnen den Tip mit der Möhrensuppe zu geben. Leider kam ich nie durch; irgendwelche Telephonistinnen oder Schwestern verbanden mich nie und Ärzte riefen auch nicht zurück. Weitere Menschen starben also.
Als es 2018 in Dresden wiederum gefährliche Darmkeime gab, rief ich auch dort an, erreichte diesmal einen Arzt, der sich das Rezept notierte – so etwas zusätzlich zu verabreichen kann ja nicht schaden. Ob sie es dann aber auch taten, weiß ich natürlich nicht.

»Gegen jede Krankheit ist ein Kraut gewachsen, und für jeden Kummer gibts einen Trost« lautet ein Sprichwort. Wir wissen nur meist nicht, welches Kraut gegen welche Krankheit hilft, weil hier viel Wissen verlorengegangen ist, insbesondere durch die Hexenverbrennungen.

Viele Krankheiten kann man auch vermeiden, wenn man sich unnötige Chemikalien spart, Gifte im Garten oder Putzmittel im Hause. Eigentlich benötigt man nur Seife, Essig, Brennspiritus und Citrone oder Natron (Backpulver) für Reinigungsarbeiten. Auch auf dem Gebiet der Körperpflege wird zuviel getan, ganze Chemielabore sind da in den Badezimmerschränken vorhanden, über deren Langzeit-Auswirkungen niemand etwas sagen kann.

Kapitel 17

Das Jenseits

Seien wir ehrlich, über das Jenseits kann niemand sichere Angaben machen, obwohl uns diese Frage brennend interessiert. Man kann sich nun aus der jeweiligen Religion oder aus allen bekannten Religionen das heraussuchen, was einem gefällt, was man logisch und überzeugend findet oder was in allen Religionen gleich ist. Dennoch bleibt es Glaube.

Atheisten und Materialisten sehen im christlichen Jenseitsglauben nur eine billige Verheißung der Kirchen, einzig dazu ersonnen, um die dummen „Schäflein" bei der Stange zu halten. So konnte man sie im Diesseits besser ausnutzen und vertröstete sie auf ein jenseitiges Paradies, welches es natürlich in Wirklichkeit gar nicht gibt. Heiden hingegen identifizierten sich mit dem Satz, es gelte nicht, auf ein jenseitiges Paradies hin zu streben, sondern vielmehr, das Paradies schon auf der Erde zu schaffen.

Aber tatsächlich kennt das Heidentum bereits seit indogermanischen Zeiten die jenseitige Trennung der Guten von den Bösen und ist der Glaube an ein besseres Jenseits uralt und lange vor der Entstehung des christlichen Glaubens nachweisbar. Ich befürchte, daß die Ablehnung des Jenseitsglaubens durch die Atheisten der Versuch ist, sich von allen damit verbundenen Folgen zu befreien. Es entfällt die Forderung, gut sein oder an sich arbeiten zu müssen, was bequemes und folgenloses In-den-Tag-leben ermöglicht.

Der Jenseitsglaube und überhaupt jeder Glaube muß sich auf Überlieferungen stützen; Überlieferungen aus früheren Jahrhunderten, die einzelne Menschen erhielten und die man aufschrieb und so weitergab, oder mündliche Überlieferungen, die es sogar noch heute vereinzelt gibt.

Ich habe mich schon immer für die Frage nach dem Jenseits interessiert, und mit der Zeit hat sich bei mir eine bestimmte Vorstellung herausgebildet, die sich auf Überlieferungen und Offenbarungen gründet. Als Altheide müßte ich es ja ganz einfach haben, indem ich einfach an Walhall und Helheim glaube und annehme, daß unsere Verstorbenen dort sind und wir dahin kommen werden. Aber mal abgesehen davon, daß auch Donar und Frowa Totenreiche haben und unsere Märchen von dem Reich der Frau Holle auch ein Totenreich erwähnen, gilt es doch, die alten Vorstellungen unserer Vorfahren zu interpretieren. Denn diese Vorstellungen sind für den normalen Menschen ausgemalt, sollten die Phantasie des Menschen nicht überfordern. Auch gab es gewisse kleine Veränderungen im Laufe der Jahrtausende. Daß nur im Kampfe gestorbene Krieger nach Walhall kommen sollten, das gehört zu diesen kleinen Veränderungen, ursprünglich wurde Walhall als allgemeine Halle für alle Toten vorgestellt, sofern sie gut waren. Walhall war mit Frau Holles Totenreich identisch, und nur für die Bösen gab es noch die Straforte wie Naströnd und ähnliche.

Ein Germane stellte sich die große Halle der Verstorbenen natürlich als gewaltiges Holzgebäude vor, prächtig ausgestattet. Einen Stahlbetonbau kannte man ja noch nicht und hätte so eine Überlieferung also auch gar nicht verstehen können. Und uns modernen Menschen wiederum erscheint eine Holzhalle etwas primitiv.

Es geht bei den Überlieferungen von den Totenreichen also nur darum, daß wir ihre Substanz, ihren inneren Kern verstehen; die Details wurden in den Jahrhunderten immer wieder etwas anders geschildert.

Wie ich schon schrieb, war ich auch jahrelang Anhänger des Spiritismus, wo also durch Medien Geister sprechen und uns belehren. Dadurch weiß ich aus erster Hand, wie es im Jenseits aussieht, was uns erwartet usw. Diese Offenbarungen stimmen nun mit denen unserer Religion in den Grundlagen überein oder halfen mir, unsere religiösen Überlieferungen zu verstehen und zu deuten.

Vom Tode hatte ich ja schon geschrieben, wie er abläuft. Der Sterbende begegnet früher verstorbenen Verwandten und auch Geistwesen, die er nicht kennt. Christen sprechen von Engeln, wir nennen sie Valkyren bzw. Idisen. Diese Wesen geleiten die Seele des Verstorbenen in die Jenseitssphären, wobei sich den Verstorbenen zuweilen sogar archetypische Bilder zeigen, etwa die Jenseitsbrücke, die in die himmlischen Sphären führt.

Im Kloster Melk in Niederösterreich werden unter der Bezeichnung „ars moriendi" Berichte von Nah-Tod-Erfahrungen aufbewahrt, die ältesten stammen aus dem 6. Jh. In einer dieser Schilderungen heißt es:

»*Stephanus sagte, da sei eine Brücke gewesen, unter welcher ein düsterer Strom dahinfloß und über der Brücke waren grünende Wiesen und wohlriechende Blumengebüsche, auf welchen weißgekleidete Menschen beisammen zu stehen schienen. Dort hatte jeder seine Wohnung, von Licht durchglänzt. Wenn ein Ungerechter über die Brücke gehen wollte, fiel er in den düsteren, übelriechenden Fluß.*«

Etwas später heißt es:

»Auch habe er alle seine Schandtaten gegen ihn schreien und ihn aufs Schreck-
lichste anklagen hören.«

Interessant ist dabei, daß auch dieser christliche Mönch die heidnische Jenseitsbrücke erlebte; er wurde wiederbelebt und konnte
die Erfahrungen erzählen. Hier steht die Brücke im Zusammenhang mit grünen Wiesen und Feldern, die auch in der angelsächsischen Tradition als „wlite beorhte wang" (lichtstrahlendes Feld),
„neorxnawang" (schönes Feld), „sunfeld" (Sonnenfeld) oder
„sceanfeld" (glänzendes Feld) vorkommen. Im Jenseits werden ihm
nun seine Untaten vorgeführt, wobei Menschen unserer Zeiten, die
ähnliches erlebt haben, berichten, daß es wie ein Buch oder Film
ist, wo alles enthalten ist, was sie so in ihrem Leben Gutes oder Böses getan hatten.

In unserer Mythologie gibt es eine Jungfrau Modgudr (Seelen-
kampf), die an der Jenseitsbrücke sitzt und den Seelen der Toten
ihre Untaten vorwirft, wie es ja z. B. das Eddalied Helreid Bryn-
hildar schildert. Bei den Parsen hat sich die Vorstellung der Jungfrau an der Brücke auch gehalten. In dem Teil der Avesta, der Ven-
didad oder Videvdat heißt und aus dem 8. Jh. v. u. Zt. stammt,
heißt es (19,30 und 13,9):

»Jenes schöngeschaffene tüchtige wohlgewachsene Mädchen stellt sich ein mit den
beiden Hunden, mit einem Strick versehen, die gewandte, kunstfertige; die zerrt
der Truggläubigen schlechte Seelen in die Finsternis hinab; die bringt die Seelen
der Aschagerechten über die Cinvatbrücke hinüber zum Uferdamm der geisti-
gen Yazatas.«

Im norwegischen Gedicht Draumkvedet (Traumgedicht) aus dem
13. Jh. u. Zt. erzählt Olaf Åsteson davon, wie er zeitweilig das Jenseits besucht hatte (er hatte eine Nahtod-Erfahrung), und dabei die
Gjöllbrücke (Jenseitsbrücke) sah:

»Ich kam an die Gjallarbrücke.
In höchsten Windeshöhen hängt diese,
Mit rotem Gold ist sie beschlagen
Und Nägel mit scharfen Spitzen hat sie.«

Und in der Eireks saga vídförla (14. Jh.) muß vor dem Betreten der grünenden, paradiesischen Jenseitsgefilde eine schmale Brücke überschritten werden. Die Brücke wird dort von einem Drachen bewacht, durch dessen Rachen Eirek springt und so ins Paradies gelangt. Auch im nordenglischen „Totenwachelied" wird die Totenbrücke erwähnt.

Diese Schilderungen sind keine Märchen, die sich irgendein Dichter ausgedacht hat, um seine Zuhörer zu unterhalten, sondern es sind Schilderungen wirklicher Nahtod-Erlebnisse von Christen aus früheren Jahrhunderten und diese sind damit besonders glaubwürdig. Es gibt aber auch Schilderungen, wo die Brücke nicht gesehen wurde, sondern nur der lange Tunnel oder ein Fluß oder ähnliches.

Wichtig für uns ist, daß uns unsere Taten im Jenseits vorgehalten werden und wir uns dafür rechtfertigen müssen. Und daß die Seelen je nach ihren Verdiensten in unterschiedliche Gefielde gelangen werden; die guten in die schönsten Welten, die bösen in dunkle Unterwelten, die ganz bösen gelangen in Straforte. Auch der Dichter Dante beschrieb einige dieser Orte in seiner „Göttlichen Komödie".

Ich gehe mal davon aus, daß die Mehrheit, die dieses Buch liest, nicht zu den Bösen gehört, und auch ich zähle mich nicht dazu. Deswegen behandele ich jetzt die Welten für die guten Menschen. In Kap. 3 der Gylfaginning heißt es über Wodan (Odin):

»Auch sollen alle Menschen leben, die wohlgesittet sind, und mit ihm sein an

dem Orte, der Gimlé heißt oder Vingólf. Aber böse Menschen fahren zu Hel und danach gen Niflhel; das ist unten in der neunten Welt.«

Bleibt die Frage, wie diese Welt der Guten und der Götter (denn in Gimlé liegt ja auch der Palast der Göttinnen) aussieht und was da geschieht.

Die folgenden Schilderungen darüber entstammen Berichten, die medial von Geistwesen übermittelt wurden.

Es ist eine wunderschöne harmonische Welt, mit Farben, die es bei uns nicht gibt, mit unzähligen bunten Blumen, grünenden Fluren, Flüssen und Bächen, Hügeln und Tälern; bunte Vögel gibt es hier und andere Tiere. Hier stehen wunderschöne große Paläste, wo die hohen Geistwesen leben. Die neu von der Erde hinzugekommenen Geister werden natürlich nicht gleich in solchen Palästen leben; sie gelangen zuerst zu einem Ort, wo sie einen Anpassungsschlaf machen. Denn die Geistwesen müssen sich erst wieder an die Jenseitswelt und ihre Gesetzmäßigkeiten gewöhnen. Doch wenn das vorbei ist, wird ihnen ein Ort zugewiesen, wo sie leben und auch arbeiten werden. Sie bekommen dort also Aufgaben zugeteilt, zum Beispiel die Aufgabe, sich um andere Verstorbene zu kümmern und ihnen den Weg ins Jenseits zu erleichtern. Auch bedürfen Wesen dieser Welt (z. B. jenseitige Tiere) Unterstützung usw. Dieses Arbeiten ist zugleich auch eine Läuterung für eigene schlechte Taten im Erdenleben. In der Jenseitswelt herrscht eine klare Hierarchie, die niemand in Frage stellt, da sie nicht willkürlich ist oder willkürlich gehandelt wird.

Anfangs tragen die Geister der Verstorbenen noch dieselben Kleider, wie auf der Erde; diese sollen auch durch ihre Gedanken geformt werden. Später nehmen sie lange Gewänder, wie die Geistwesen sie tragen, an.

Mit der Zeit kommen die Erinnerungen an die verschiedenen früheren Leben zurück und die Geistwesen erkennen, was für (karmische) Aufgaben sie hatten und ob sie diese im letzten Leben ordentlich ausgeführt haben.

Die Zeit im Jenseits wird als angenehm empfunden; insbesondere wird immer wieder die dort herrschende Liebe und Harmonie beschrieben. Daher ist das Verlassen dieses Ortes für die Geistwesen immer sehr schmerzlich, doch viele von ihnen müssen den Ort irgendwann wieder verlassen und sich neu auf der Erde inkarnieren. Nur diejenigen, deren Wesen völlig rein und erleuchtet ist, dürfen bleiben, denn ihre Entwicklung ist vorerst beendet (sie kann noch ein wenig im Jenseits weitergehen).

Im Jenseits gibt es auch männlich und weiblich, wie im Mythos z. B. Askr und Embla oder Lif und Lifthrasir, und jedes Geistwesen hat ein Dual des andern Geschlechts, einen Idealpartner, eine Idealpartnerin, der/die perfekt zu ihm/ihr paßt. Denn bei der Entstehung eines Geistwesens wird ihm der Götterfunke eingepflanzt, der geteilt wird und dessen andere Hälfte in das zugedachte Dual eingesetzt wird. Erst dieser Götterfunke (altnord. Lá) gibt einem Geistwesen das (ewige) Leben.

Die Wesen, deren Entwicklung beendet ist, begegnen ihrem Dual und leben mit diesem Wesen nun in Glück und Frieden. Sie haben ihren Palast und pflegen dort der Künste, der Musik, des Spiels usw.

In seltenen Fällen sind die beiden Geistwesen, die ein Dual bilden, auch gleichzeitig auf der Erde inkarniert und können sich hier als Menschen kennenlernen und zu einem Paar werden. Das sind dann die großen Lieben, von denen die Dichter aller Jahrhunderte erzählten. Doch das soll sehr selten vorkommen. Eher ist es wohl so, daß das Dual im Jenseits bleibt, um von dort ein wenig die Entwicklung des anderen auf der Erde zu lenken und zu überwachen, denn dem einzelnen Dual ist natürlich daran gelegen, daß die Entwicklung auf der Erde schneller vorangeht, damit es sich bald wieder mit seinem Dual vereinigen kann.

Die Duale im Jenseits bekommen auch Kinder, die durch Einpflanzung des Götterfunkens belebt werden. Die Jenseitswelt ist eine unendliche Welt und es gibt unendlich viel Platz, der bevölkert werden kann. Es gibt im Jenseits auch jenseitige Völker und Stämme, die friedlich an ihren Orten leben und sich durch unterschiedliche Kulturen unterscheiden. Die höheren Geistwesen verständigen sich auf einer telepathischen Ebene, es gibt also keine Sprachprobleme. Es gibt im Jenseits auch Tempel, Heiligtümer, Gebetshäuser, wo sich die Geistwesen versammeln und die Götter anbeten und Feste feiern.

Menschen die diese Schilderungen von Geistwesen, die durch Medien übertragen werden, hören, können sich damit meist nicht anfreunden: Hierarchie (statt Demokratie), Paläste, Kunst, Schönheit, männlich-weiblich usw. Die Geister, denen wir solche Schilderungen verdanken, müssen immer wieder betonen, daß es alles, was es bei uns gibt, auch im Jenseits gibt und daß Verstorbene nicht gleich bei „Gott", „Christus", „Allah" oder „Buddha" sind, wenn sie ins Jenseits kommen. Auch gibt es da nicht geschlechtslose Engelwesen mit Harfen, und der Verstorbene hat auch nicht gleich das komplette Wissen über die Beschaffenheit des Jenseits, der Götter oder der Gesetze dort. Vielmehr hängen viele Verstorbene leider auch im Jenseits noch ihren alten Unsitten an. Derartige Geister gehen nicht über die Jenseitsbrücke, sondern bleiben auf der Erde, für uns Menschen in der Regel unsichtbar. Man nennt sie „uneingereihte Geister". Sie versammeln sich an ihnen bekannten oder von ihnen bevorzugten Orten und versuchen, ihr Leben weiterzuleben. Tatsächlich erkennen viele von ihnen gar nicht, daß sie gestorben sind, gerade dann, wenn sie als Menschen nie an ein Weiterleben geglaubt hatten. Die höhere Geisterwelt läßt sie gewähren, bietet ihnen zwar Hilfe an, doch diese wird meist abgelehnt. Uneingereihte Geister werden in unseren Märchen als Bewohner des „Nobiskruges", eines Gasthauses zwischen Himmel und Erde, erwähnt. Waren sie als Menschen böse, sind sie es auch als Geister, und sie versuchen, sich an Menschen zu rächen oder andere Menschen zu bösen Taten zu überreden. Geister, die als Menschen einst süchtig waren, bleiben es auch als Geister und da sie nun materielle Dinge nicht mehr berühren können (Geister durchdringen Materie), folgen sie süchtigen Menschen, um so die frühere Sucht weiterhin genießen zu können.

Es wäre aber die Aufgabe solcher Geister, sich an höhere Geistwesen zu wenden und um Führung zu bitten, statt auf der Erde herumzugeistern.

Die ganz niederen Geister, also verstorbene Verbrecher, Mörder, Sadisten usw. gelangen in eine Jenseitswelt, die wie vernebelt aussieht. Dieser Dunst oder Nebel entsteht durch die Verdichtung, denn niedere Geistwesen sind stärker verdichtet. Unsere Mythologie spricht von Niflheim (Nebelwelt) und der Niflhel (Nebelhölle). In anderen Mythologien tritt uns besonders der Gedanke des fehlenden Lichtes entgegen, d. h. niedere Geistwesen leben in einer dunklen Welt, in die nur zuweilen kurz etwas Dämmerungslicht dringt. Im Judentum kennt man da ganz verschiedene Unterwelten für die Bösen, von Adamah als dunkelste angefangen, über Tebhel bis hinauf zu lichteren Welten.

Für uns ist nur wichtig zu wissen: Es geht nach dem Tode weiter und unsere Taten hier auf Erden entscheiden, wie es uns im Jenseits ergehen wird. Wenn man sich das bewußt macht, wenn man diesen Gedanken verinnerlicht hat, wird man anders leben, als ohne diesen Glauben. Die Wertigkeit im Leben wird eine ganz andere sein, das Geld wird unwichtiger, der Tod ängstigt nicht mehr, und man setzt sich ganz andere Lebensziele.

Es ist inzwischen bekannt, daß fast alle Menschen, die eine Nahtoderfahrung erleben konnten, ihr Leben radikal änderten. Nun wußten sie, daß es ein Weiterleben gibt, nun kannten sie die Dinge, auf die es wirklich ankommt. Es geht nicht darum, materielle Güter und viel Geld anzuhäufen, auch nicht darum, viel herumzureisen und sich zu amüsieren, sondern es kommt auf die Beziehungen der Menschen untereinander an, auf die Harmonie miteinander, die Liebe und die Hilfe.

Meine Großmutter hatte 1979 in Wildbad so eine Nahtoderfahrung, Ende 1980 starb sie.

Ich hatte keine Nahtoderfahrung und wahrscheinlich hatten Sie, geehrte Leser, eine solche auch noch nicht. Aber wir kennen genug Menschen, die solches erlebt haben und können aus deren Schilderungen lernen, wie wir unser Leben ändern müssen, damit wir unsere Entwicklung beschleunigen und im Jenseits unser Dual wiederfinden können.

So hoffe ich, daß Ihnen dieses Buch mit seinen ganz individuellen Berichten Anregungen geben konnte für Ihr eigenes Leben.

Weitere Bücher

Árpád v. Nahodyl Neményi, „Das geistige und materielle Weltbild", BoD 2015, 128 Seiten, 22 Abbildungen, ISBN 978-3-7347-7323-5, 6,80 €.

Géza v. Neményi, „Die Sprache der Vögel - Deutung von Angang, Flug und Stimme der Vögel", Kersken-Canbaz-Verlag 2015, 161 Seiten, 60 Abbildungen, ISBN 978-3-89423-137-8, 13,80 €.

Árpád v. Nahodyl Neményi, „Die Jüngere Edda - Altnordisch und deutsch", BoD 2017, 188 Seiten, ISBN 978-3-7448-9974-1, 14,80 €.

Árpád v. Nahodyl Neményi, „Götterlieder der Edda - Altnordisch und deutsch", BoD 2017, 316 Seiten, ISBN 978-3-7448-1008-1, 16,80 €.

Árpád v. Nahodyl Neményi, „Heldenlieder der Edda - Altnordisch und deutsch", BoD 2017, 316 Seiten, ISBN 978-3-7528-5722-1, 16,80 €.

Géza v. Neményi, „Kommentar zu den Götterliedern der Edda – Teil 1, Die Odinslieder", Kersken-Canbaz-Verlag, Holdenstedt 2008, 250 Seiten, 20 teils farbige Abb., ISBN 978-3-89423-133-0, 29,80 €.

Géza v. Neményi, „Kommentar zu den Götterliedern der Edda – Teil 2, Die Thorslieder", Kersken-Canbaz-Verlag 2012, 151 Seiten, 26 teils farbige Abbildungen, ISBN 978-3-89423-133-0, 22,90 €.

Géza v. Neményi, „Kommentar zu den Götterliedern der Edda – Teil 3, Die Vanenlieder", Kersken-Canbaz-Verlag, Holdenstedt 2014, 221 Seiten, 11 Abbildungen, ISBN 978-3-89423-136-1, 27,80 €.

Árpád von Nahodyl Neményi, "Kommentar zur Jüngeren Edda", BoD 2016, ISBN 978-3-7431-8114-4, 19,80 €.

Árpád v. Nahodyl Neményi, „Der Ursprung biblischer Mythen – Die Enträtselung christlicher Glaubensvorstellungen", BoD 2015, 388 Seiten, 52 Abbildungen, ISBN 978-3-7347-7522-2, 16,80 €

Árpád v. Nahodyl Neményi, „Was unsere Märchen bedeuten – Deutung der bekanntesten Märchen aus der Sammlung der Gebrüder Grimm", BoD 2015, 470 Seiten, 96 Abbildungen, ISBN 978-3-7347-9796-5, 16,80 €

Géza v. Neményi, „Lieder der Vorzeit – Götterlieder, Heldenlieder und alte Volkslieder", Reihe Altheidnische Schriften, BoD 2013, 392 Seiten, fest gebunden, ISBN 978-3-8482-6853-5, 39,80 €.

Géza v. Neményi, „Götter, Mythen, Jahresfeste - Heidnische Natur-religion", Reihe Altheidnische Schriften, Kersken-Canbaz-Verlag 2004, 284 Seiten, 40 Abbildungen, ISBN 3-89423-125-4, 23,90 €.

Géza v. Neményi, „Die Wurzeln von Weihnacht und Ostern – Heidnische Feste und Bräuche", Kersken-Canbaz-Verlag, Holden-stedt 2006, 275 Seiten, 62 Abbildungen, ISBN 3-89423-132-7, 24,80 €.

Árpád von Nahodyl Neményi, „Der Slawen-Mythos - Wie aus Ostgermanen ein Volk der "Slawen" mit fremder Sprache und Mythologie wurde". BoD 2015, 210 Seiten, 36 Abbildungen, ISBN 978-37386-3786-1, 12,80 €,

Árpád v. Nahodyl Neményi, „Goden – Die heidnischen Priester der Germanen", BoD 2016, 158 Seiten, 53 teils farbige Abbildungen, ISBN 978-3-7322-8352-1, 12,80 €.

Árpád v. Nahodyl Neményi, „Kultstätten in Berlin – Altheidnische Heiligtümer, Opfersteine, Blocksberge und Kultplätze", BoD 2017, 252 Seiten, 70 teils farbige Abbildungen, ISBN 978-3-7448-1319-8, 24,- €.

Árpád v. Nahodyl Neményi, „Kultstätten im Fläming". Telesma-Verlag Treuenbrietzen 2015. 171 S., 93 meist farb. Abb., 25 Karten, ISBN 3-944064-55-0, fest gebunden, 24,– €.

Árpád v. Nahodyl Neményi, „Die Externsteine - Sagen, Überlieferungen, Volksglaube". BoD 2018. 152 Seiten, Großformat, 70 meist farb. Abb., ISBN 978-3-7460-0671-0, fest gebunden, 28,– €,

Árpád v. Nahodyl Neményi, „Thors Hammer - Mythen, Überlieferungen, Erkenntnisse". BoD 2019. 124 Seiten, 37 teils farb. Abb., ISBN 978-3-7504-1389-4, 9,80 €,

Catrin v. Nahodyl, „Die Macht von Baum und Busch - Magie und Heilkraft der Bäume und Sträucher". BoD 2017. 116 Seiten, 45 farbige Abb., ISBN 978-3-7448-2191-9, 18,– €.

Catrin v. Nahodyl, „Hexen - Schamaninnen Europas". BoD 2017. 152 Seiten, 19 teils farbige Abb., ISBN 978-3-7448-1416-4, 18,– €.